階段空間の解体新書

Anatomical Drawings of Staircase Spaces
Tomoyuki Tanaka

田中智之

彰国社

はじめに

田中智之

　人類による三大発明は、火薬、羅針盤、活版印刷術ともいわれている。個人的には紙とペンではないかと思うこともあるがそれはさておき、建築における偉大な発明とは何だろうか。

　最近ではカーテンウォールやCLT、はたまた不燃木材などもノミネートされるかもしれない。しかし原初的なものとして、おそらく床、窓、そして階段を外すことはできないだろう。床はル・コルビュジエによるピロティの説明を借りるまでもなく、不安定かつ不衛生な地面の上に、安定的で衛生的な平滑面を設けることを可能にした。一方、窓は西欧の重厚な組積造による部屋に光や風を取り込み、さらには風景を切り取る額縁とも化した。そして階段は人体寸法に基づいた段差を集積することで、ヒトのスケールを超えた高低差を結び、翼のない人間を三次元のなかで自由に往来できるようにしてくれた。何れも環境への本質的なアプローチであると同時に、人間の能力や生活を拡張させる重要な発明であり、階段はその最たるものだと思う。

　そんな建築の三大発明はどのように進化してきたのだろうか。床は「平たい」にフローリング、畳、石など素材のバリエーションが加わることで「快適」を加え、免震など構造とセットで「安全」を付加している。窓は嵌め殺し、開き、引き違いなどの基本的な開閉方式に加えてドレーキップ（内倒し・内開き）やヘーベシーベ（大型引戸）が加わるなどで「開く」が多様化し、二重サッシやペアガラスを伴うことで熱や音を「遮る」性能の向上も日進月歩で見られる。窓は三者のなかで最も進化しているのかもしれない。

　それに対して階段はどうだろう。片持ち階段や吊り階段など構造形式は増えているものの、基本的にノコギリ形の断面形状は不変である。バリアフリーや大量輸送など、時代とともに生まれる需要にはエスカレータやエレベータという他の装置にシフトすることで対応し、階段自体は基本的に原形をとどめているのが独特であり、興味深い。

なぜ階段は変わらないのだろう。階段は身体と関係が深いがゆえ、身体が変わらない以上、変わりようがないのである。踏面だけが広くなったり、蹴上げが極端に低くなったりすると使いづらくなることは言うまでもない。だが変わらなければならないときも来る。単なる昇降装置にとどまらず空間演出に使いたい、豊かなシークエンスをもたせたい、昇降の高揚感を高めたいなどの要求が来ることも。その際階段は、変わりたくても変われない自身の代わりに、階段をとりまく周辺の環境や、階段の扱い方が変わることで対処することがある。つまり「階段空間」として変化に対応するのである。

　たとえば本書でも採り上げた村野藤吾による「日生劇場」の階段（75頁）は、まるで海底や深海などとたとえられる劇場内部の空間性に至るホワイエのアプローチとして、竜宮城へ至る海中ではないが、おそらく浮遊性や無重力感が求められたのではないだろうか。それを実現するために、村野は吊り階段という形式に加えて、周囲の壁面を大理石のテッセラ（砕片によるモザイク）貼りで包み、対比的に軽快感を演出している。空間とセットで階段を扱っているのである。

　階段自体やそのディテールに目を向けた書籍や雑誌特集が多いなかで、本書は「階段空間」に着目し、その変幻性を三つの視点で描き考察している。第Ⅰ章では建築家による進化の理念との関係に着目。たとえばコルビュジエによる「建築的プロムナード」やアドルフ・ロースによる「ラウムプラン」がそれである。第Ⅱ章では伝統的な規矩術のようなプロポーションと空間構成をテーマとし、それを支えるディテールも含めて描いている。そして第Ⅲ章はオープンエンドに拡張する“巨大動線体”としての駅空間を階段空間として捉え、その特殊性や固有性に迫るべく解体を試みている。

　身体的であり原初的である階段が、階段空間として進化し拡張していく姿を、独自のドローイングと論考により“共感”してもらえたら幸いである。

目次

ドローイング　田中智之
ブックデザイン　みなみゆみこ

I

階段空間の解体新書

建築家は階段を、自らの思想や技術を駆使することにより進化させてきた。たとえばアドルフ・ロースやル・コルビュジエは独自の思想により、階段を単なる昇降装置を超えた、新たな価値創出の媒体へと昇華させている。

ロースは「ラウムプラン」を構想した。"空間設計法"ともいわれるその設計理念は、従来の平面を主体とした二次元的な設計手法ではなく、三次元の中でヴォリュームとして空間を設計することを標榜している。その三次元的に考えられた建築の中では空間は断面的に分割されることとなり、それらをつなぐ階段が必然的に多数登場することとなった。この無数の階段と幾多のレベルをもった空間の連続により、住宅は迷宮となり、ときには劇場にもなり得たのである。

一方コルビュジエは「建築的プロムナード」を提唱した。自らがアラブの建築で感じた散策のたのしみを、何とか合理的な近代建築で実現できないか。柱梁や壁によって構成される白いハコを、その中に斜路や階段を巧みに挿入することによって、歩き、移動することで得られる変化や出会いを生み出す"機械"へと拡張しようとしたのである。

本章では、階段が建築空間と融合したり、階段自体が階段空間として拡張したりしているような"進化例"を各テーマで二つ採り上げ、比較論考しながら解剖ドローイングとともに紹介する。

立体による額縁／点による額縁

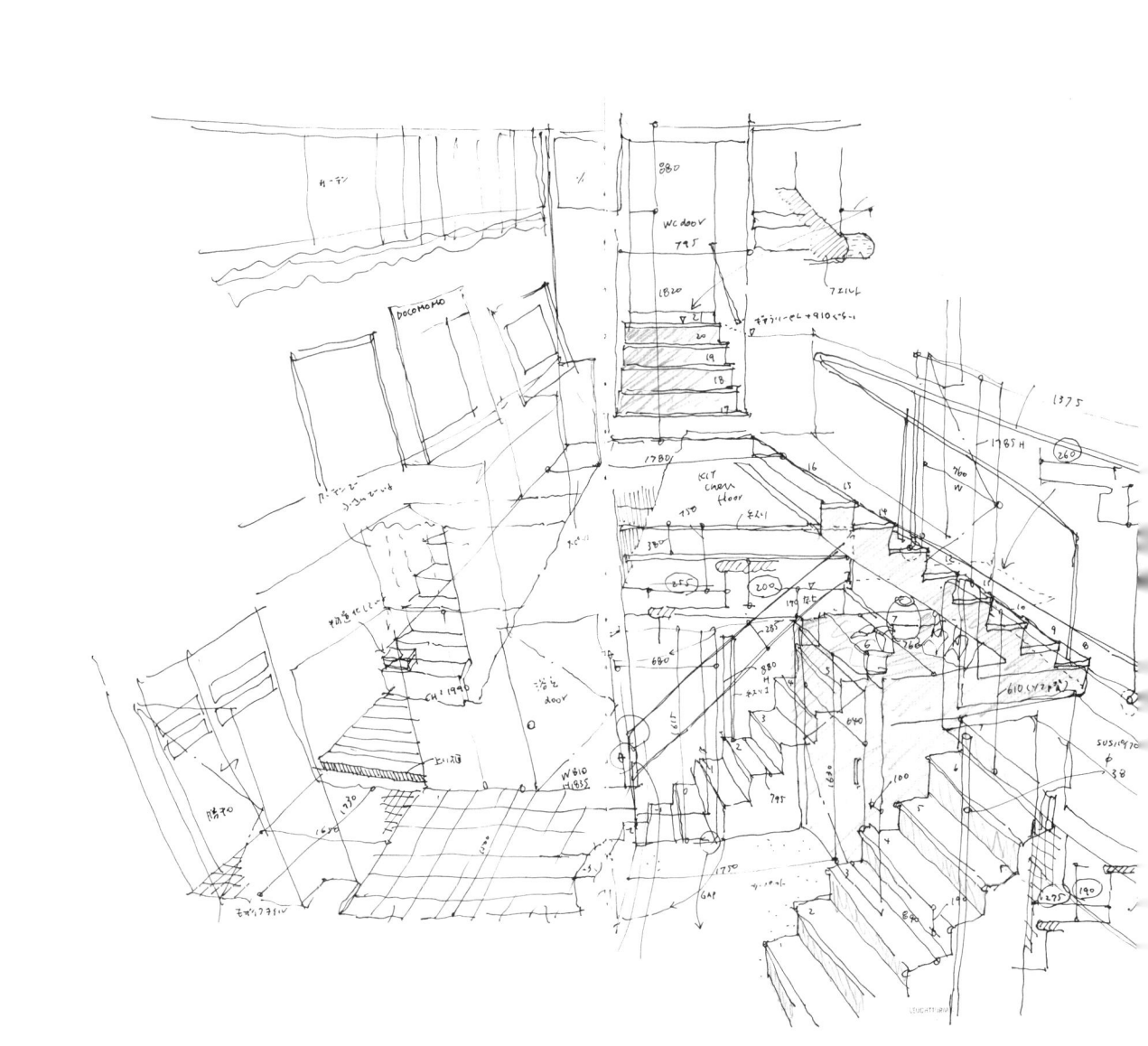

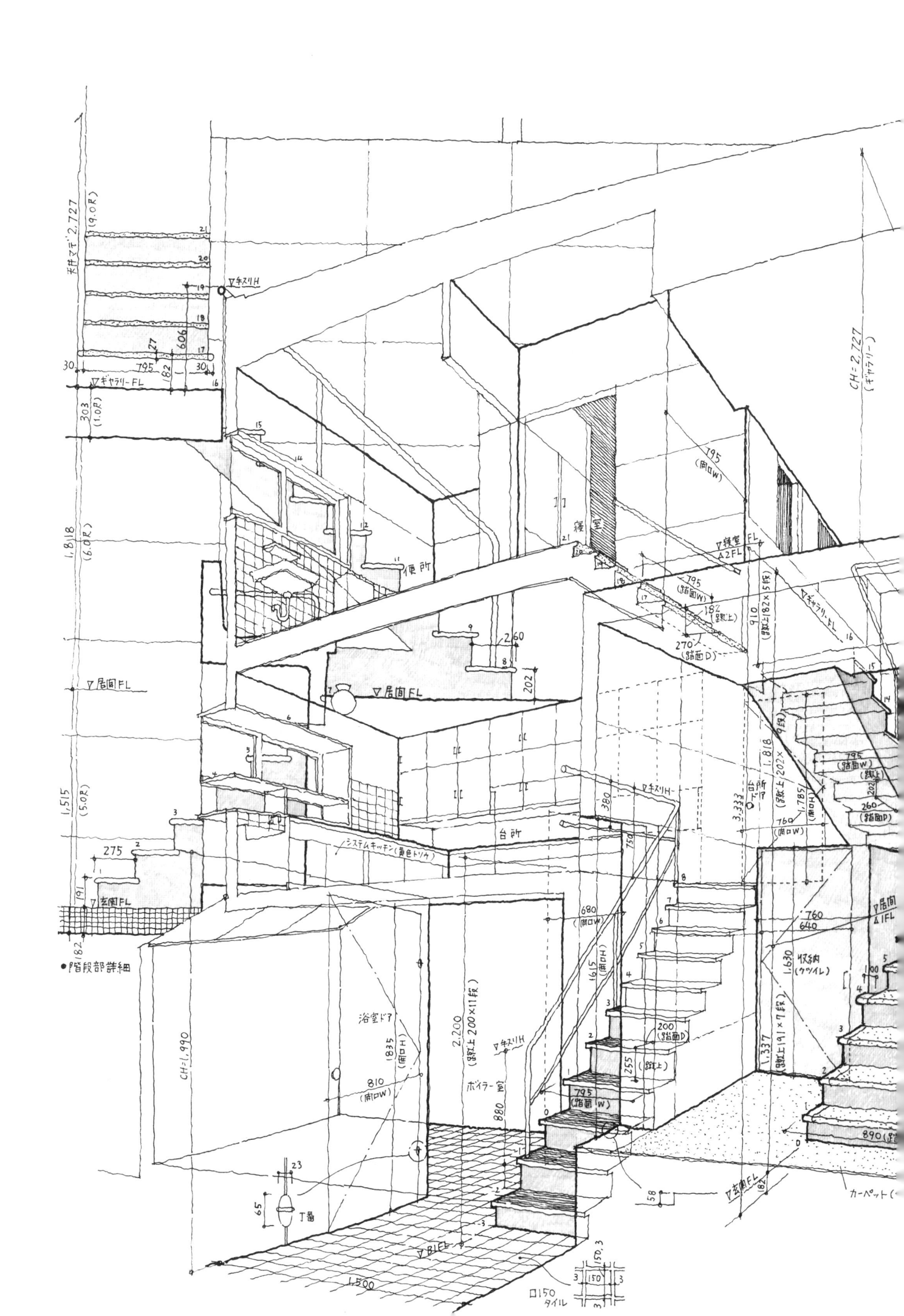

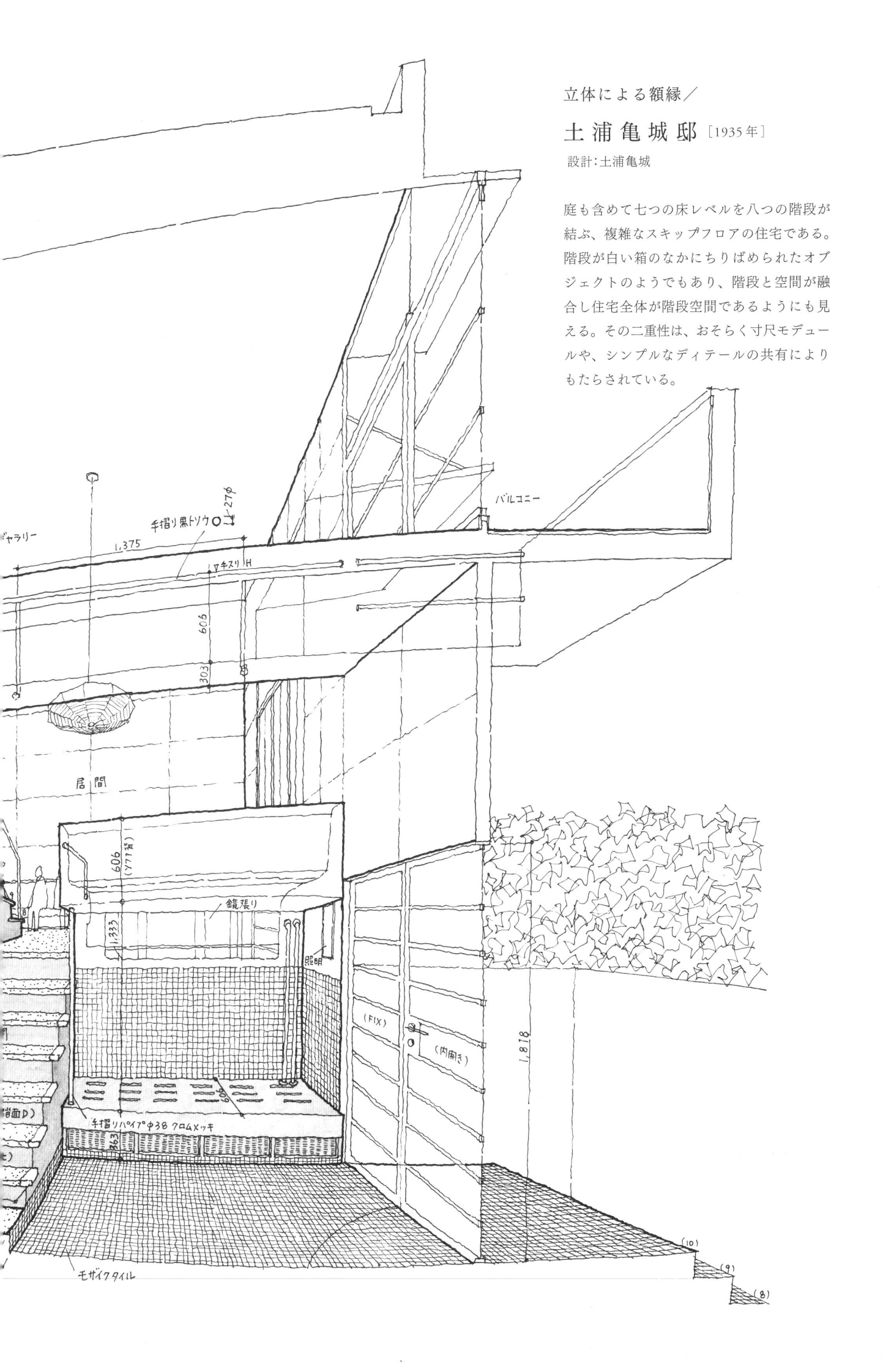

立体による額縁／

土 浦 亀 城 邸 ［1935年］

設計：土浦亀城

庭も含めて七つの床レベルを八つの階段が結ぶ、複雑なスキップフロアの住宅である。階段が白い箱のなかにちりばめられたオブジェクトのようでもあり、階段と空間が融合し住宅全体が階段空間であるようにも見える。その二重性は、おそらく寸尺モジュールや、シンプルなディテールの共有によりもたらされている。

シークエンスと境界

　細い路地を曲がると不意に大きな広場に出くわしたり、暗いスタンド裏から広大なスタジアム空間へと足を踏み入れた瞬間、「おおっ」とその空間性の変化を目の当たりにし、時には感動すら憶えることがある。このような、移動することで変化する景色や空間性のことを建築の世界では「シークエンス」と呼ぶが、これは建築設計においてよく取り入れられる空間演出手法の一つである。

　風景の視覚的変化を楽しみながら建築内を"散策する"経験を重視したコンセプト「建築的プロムナード」に基づく、ル・コルビュジエの「サヴォワ邸」(1931)や「クルチェット邸」(1953)はその代表的な建築といってよいだろう。

　このシークエンスをデザインするときに重要となるのが、変化をつくり出す"境界"のあり方である。冒頭の例でいえば、路地と広場の境界であり、スタンド裏とスタジアム空間のつなぎ方。通常このような空間性や景色の変化はたとえば小→大、狭→広というよう

に、ギャップのある二つの場面間で起こることが多く、その境界は路地側から見ると壁の末端やトンネルの出口、広場側からは建物の隙間や出入口というように、スリットや孔状のものが一般的である。有名なグンナール・アスプルンドによる「ストックホルム市立図書館」(1928)の円形大閲覧室に至るアプローチはこの応用例であり、孔状の開口に階段を組み合わせることで、頭上にだんだんと大空間が開けてくるようなシークエンスを演出している。

　このように面に穿たれた孔やスリットというような、二次元的な境界を通過するタイプが多いなか、三次元あるいは一次元的である境界も存在する。しかも階段を絡めながら。

森のような見え隠れ

　一つは土浦亀城設計の「土浦亀城邸」である。1935年に建てられた木造乾式構法によるモダニズム住宅であり、白い箱形の外観、居間を中心とした機能的な平面構成、吹抜けとスキップフロアによる連続的

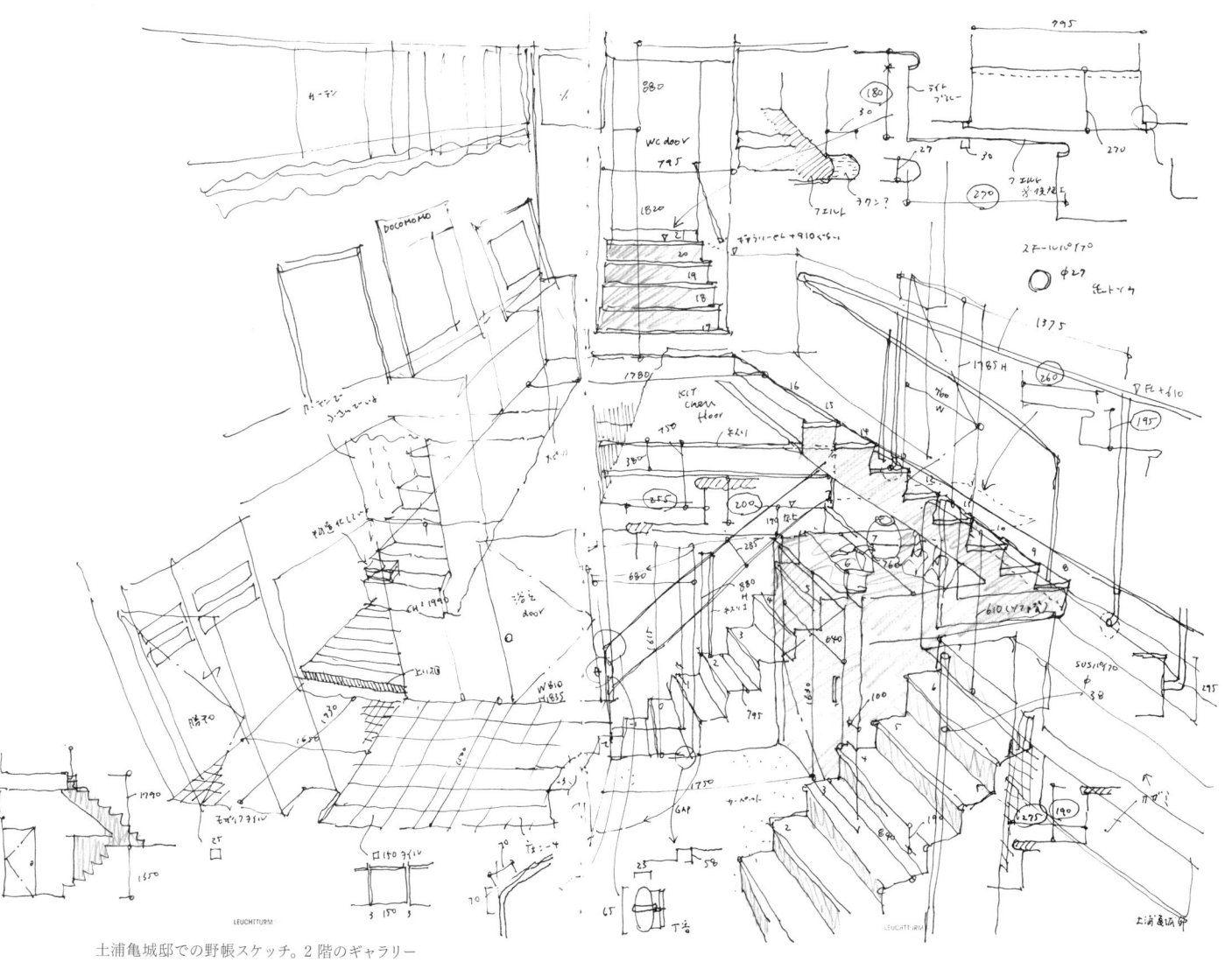

土浦亀城邸での野帳スケッチ。2階のギャラリーより階段ラビリンスを"透視"

空間構成、天井パネルヒーティング、システムキッチンなど、現在の都市型住宅につながる数々の特徴をいち早く取り入れた実験住宅である。さらに開閉可能な大開口や大小の庇という、西欧の"箱"には見られなかった要素が、モダニズムが日本の気候風土に順応するようにという趣旨で付加されている。

　東京は山手の緩やかな傾斜地に建つこの住宅には、まず前面道路より10段の外部階段を経て玄関に到達。ガラス張りの明るい玄関にて上がり框を越えると、右手に吹抜けの居間が垣間見える。この後、陽光溢れる吹抜けに誘われ、蹴上板に薄いエメラルドグリーンが施された階段を7段上り、折り返し8段のギャラリーに至る階段を経て、さらには2階寝室へと至る隙間状の5段階段へ……。あるいは居間から続く食堂より台所のドアを経て地下の浴室やボイラー室へと至るサービス階段を下りつつも、途中で玄関へと戻ることができるループ動線の存在に気づき回遊……などさまざまなシークエンスを体験することになる。

　この複雑さに感心しながらも、はて空間構成としてはシンプルなのに、一体このシークエンスの多様さは何によってもたらされるのだろうか、と悩む。

　おそらく境界のつくられ方が多彩なのである。特に玄関から居間へと至るルートは、タイプとしてはアスプルンド型なのだが、二つの空間をつなぐ境界が三次元的でありこれが効いている。左手には収納と階段が一体化した例のエメラルドグリーンのオブジェクトがそびえ立ち、右手には空中に浮遊したソファと空調機器が一体化した家具が大きく口を開けて構えている。まるで風神雷神か金剛力士像の間をすり抜けていく感覚か。いずれにしてもこの多孔質の立体物により、奥に潜む空間のカタチが変化し見え隠れすることで、森のなかを彷徨うような、多様なシーン展開が生まれている。

点による額縁

　もう一つは前川國男による「前川國男邸」である。戦時体制下、建築資材の入手が困難であり、延べ床面積も100㎡に制限されていた時期に小さいながらも豊かな住空間を目指した木造モダニズムの傑作といわれている。外観は伊勢神宮をモチーフにしたといわれる

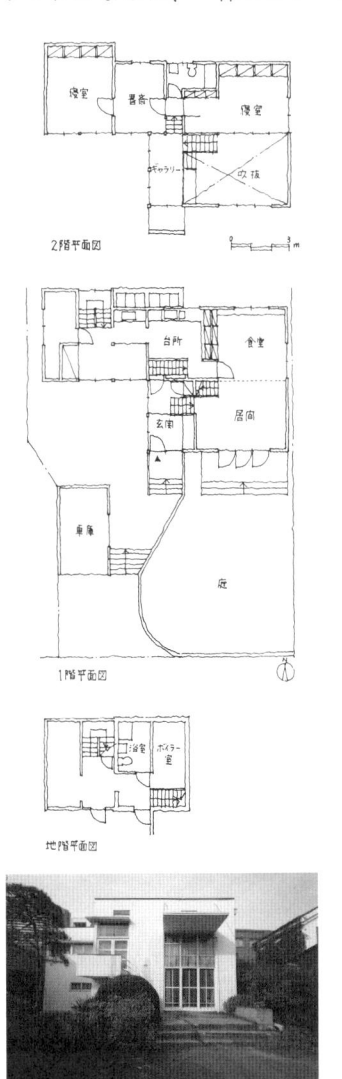

土浦亀城邸（所在：東京都品川区）

ダンスパーティーのためにつくられたという吹抜けの居間。さまざまな床レベルにより劇場性をもつ

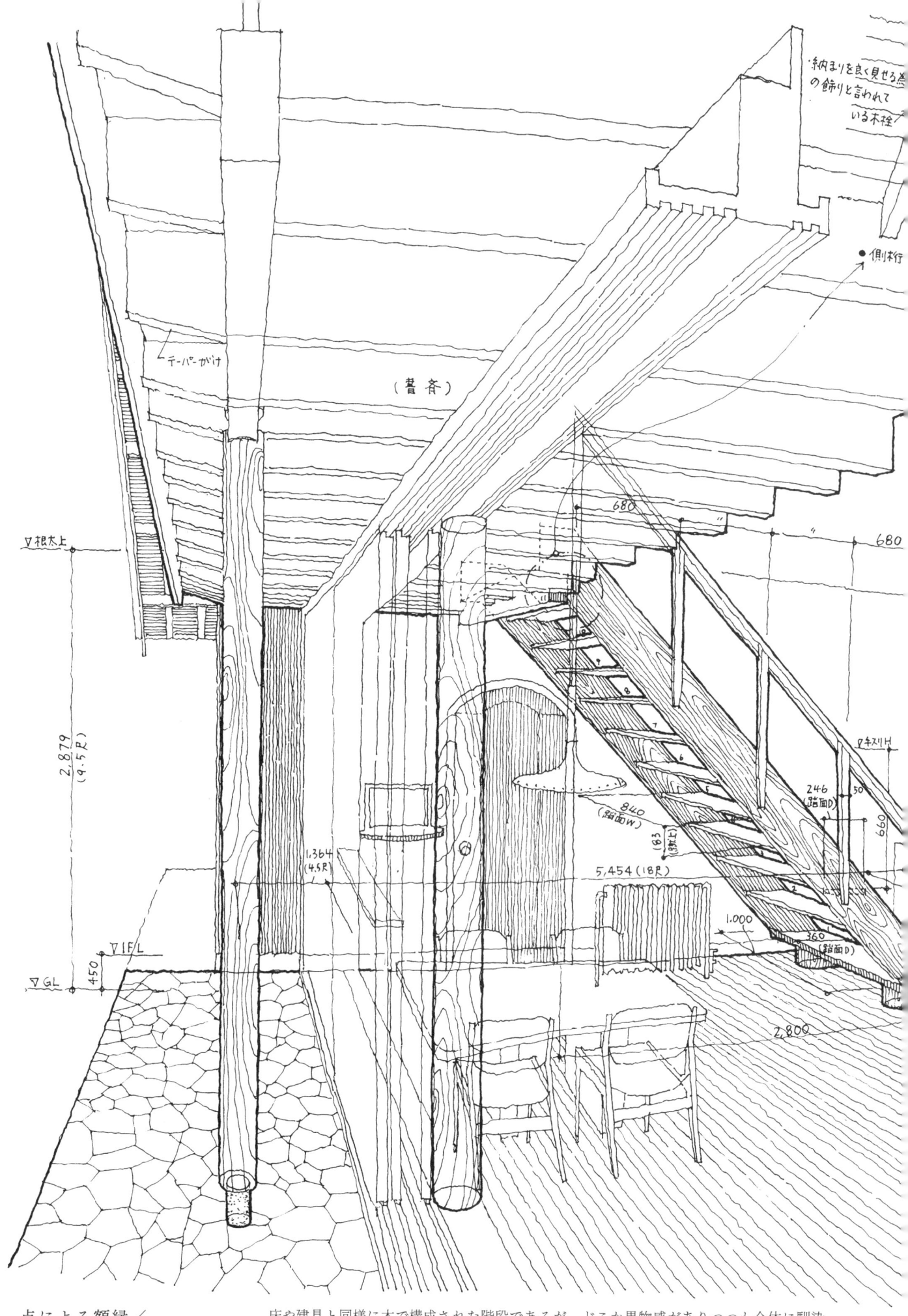

点による額縁／

前川國男邸 [1942年]
設計：前川國男

床や建具と同様に木で構成された階段であるが、どこか異物感がありつつも全体に馴染んでいる。それは全体の重厚感にもかかわらずピロティ状に浮上していたり、手摺の骨太さの反面、根元は斜めカットにより軽快に見えるなど、大胆な構成と繊細なディテールの同居が集積しているからだろう。

手摺り支柱

階段踏板

側桁

CH=4.300

居間

5,576

▽2FL

6,364
(21R)

1,515

▽根太上

680

100

2,429

50

660

75

25

246

70

360

190 183

1段目はピロティで
持ち上げられている。

150 40

▽1FL

●階段部詳細

丸柱と、大きな切妻屋根が印象的。

モダニズムの先駆者による自邸なのに渋い民家？と思いつつ玄関を抜け、居間に入ると印象は一変する。幅1.6mもある大きな偏心縦軸回転扉を開けると、頭上にはルーバーのように整然と並ぶ梁に支えられたロフト床があり、その先にはトンネル状の白い矩形空間が広がっている。天井高さ約4.3mもある白亜の空間のなかに、南北の木格子窓や障子、二つの和紙照明、骨太なのに柔らかい印象の家具、アーチ状の木製建具などがちりばめられ、それぞれが個性や存在感を主張しながらも全体としてまとまりのある佇まいを獲得している。

そのなかでもひと際存在感を放っているのがロフトへの直階段である。1段目の大きな段板が"ピロティ"状に持ち上げられ、そこから大柄な木目が目を引く2枚の側桁が斜めに架けられている。そこに手摺支柱が等間隔で設置され手摺板が載っているだけのシンプルな構成であるが、支柱下部は斜めにカットして、極太のピロティ柱は楕円形平面が与えられており、全体の無造作感と細部の繊細さがバランスよく共存している。また真横から後ろ斜め60度位までの姿が美しく、玄関方向からの見え方を意識したのではないかと推察できる。

この階段も土浦邸同様にオブジェクト的な存在であり、全体のなかでのいわば"点"である。しかし土浦邸のそれが家具等と相まって見え隠れをつくる輪郭を複合的になしていたのに対し、驚くべきことに前川邸の階段は単体で風景を相対化する。つまり、点であるにもかかわらず"額縁"をなしているのだ。階段まわりを歩き回ると、階段越しに漆喰壁の白さをより感じたり、側桁に映る陰影の移ろいを眺めたり、骨太な骨格と比較して木格子や和紙照明の繊細さや柔らかさを感じたりと、どこにいても階段との関係で風景や空間を感じてしまうのである。このシークエンスにおける境界は二次元でも三次元でもない、点による一次元のフレームという、極めて珍しい額縁ということがいえよう。

自邸という実験住宅、土浦亀城邸では吹抜けの手前にある階段を含めたいくつかのオブジェクトが見え隠れをつくり、多様なシークエンスが展開していた。また前川國男邸では点的な直階段が独特の存在感のもとに風景を相対化する特異点をつくり、周囲の空間性を際立たせている。

このように、単なる壁の孔やトンネルの出口だけではないシークエンスの境界は他にもあると思われるが、階段そのものが立役者になっている例は極めて稀ではないかと思われる。この二つの住宅は奇しくも日本のモダニズムを牽引した建築家によるほぼ同時期にできた実験的自邸であるが、それは単なる偶然ではないのかもしれない。

2階書斎と1階床をつないでいるようであり、独立しているようにも見える階段

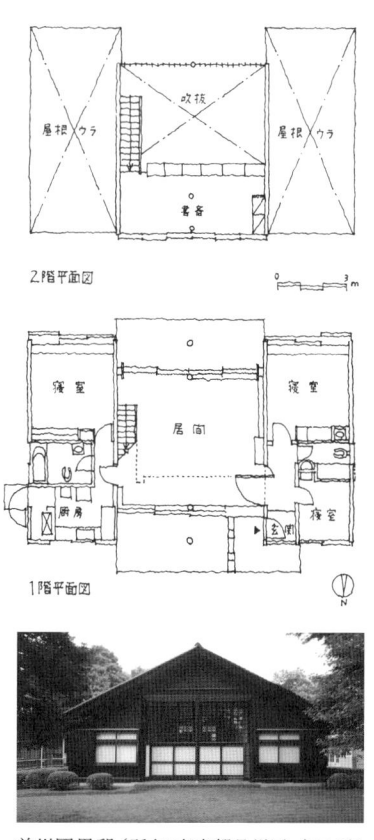

2階平面図

1階平面図

前川國男邸（所在：東京都品川区／1996年、江戸東京たてもの園に移築）

部屋のような階段／階段のような部屋

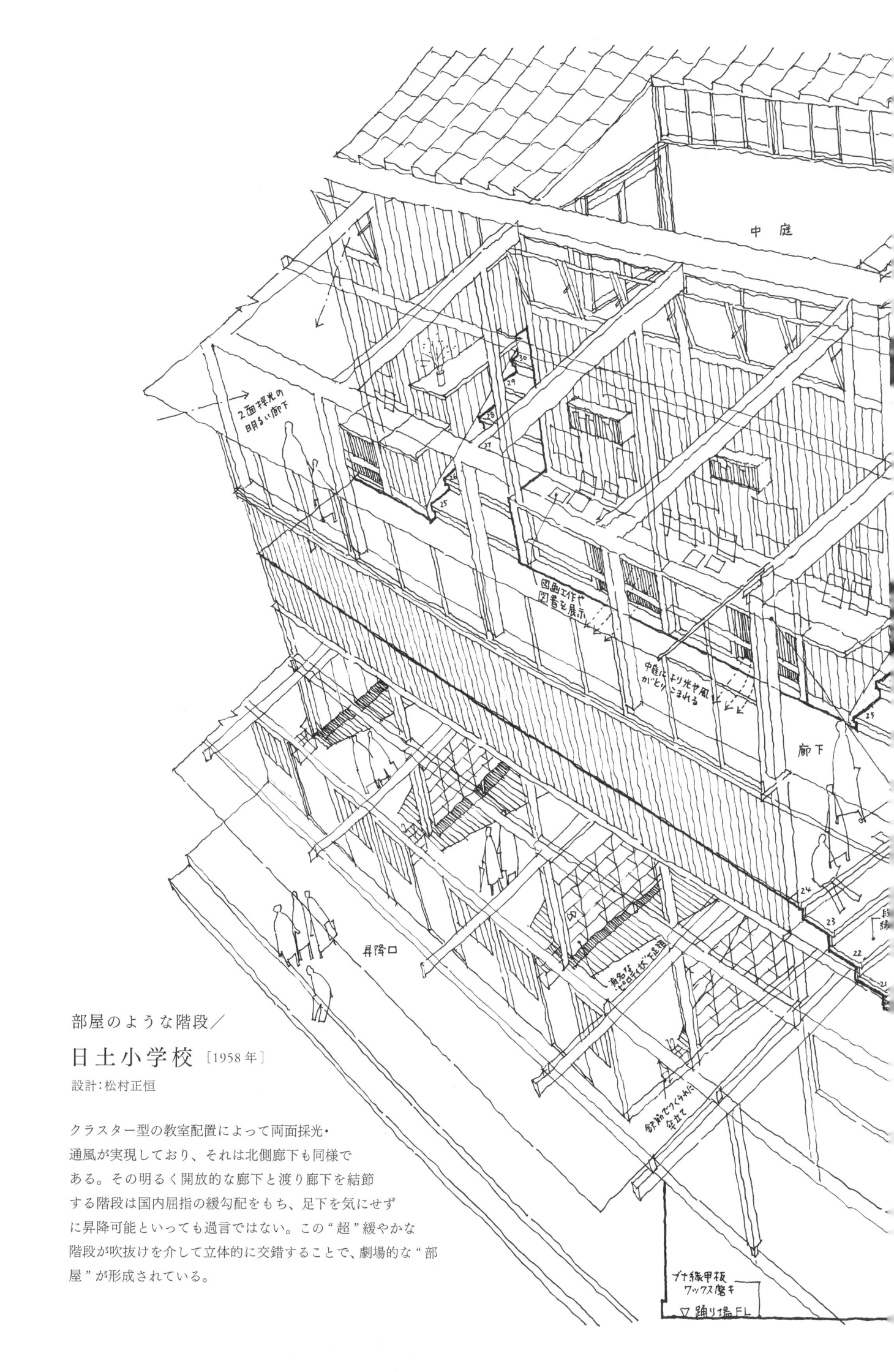

中 庭

2面採光の
明るい廊下

図画工作や
図書を展示

中庭により光や風
がとりこまれる

廊下

昇降口

部屋のような階段／

日土小学校 ［1958年］

設計：松村正恒

クラスター型の教室配置によって両面採光・
通風が実現しており、それは北側廊下も同様で
ある。その明るく開放的な廊下と渡り廊下を結節
する階段は国内屈指の緩勾配をもち、足下を気にせず
に昇降可能といっても過言ではない。この"超"緩やかな
階段が吹抜けを介して立体的に交錯することで、劇場的な"部
屋"が形成されている。

ブナ縁甲板
ワックス磨キ

▽踊り場FL

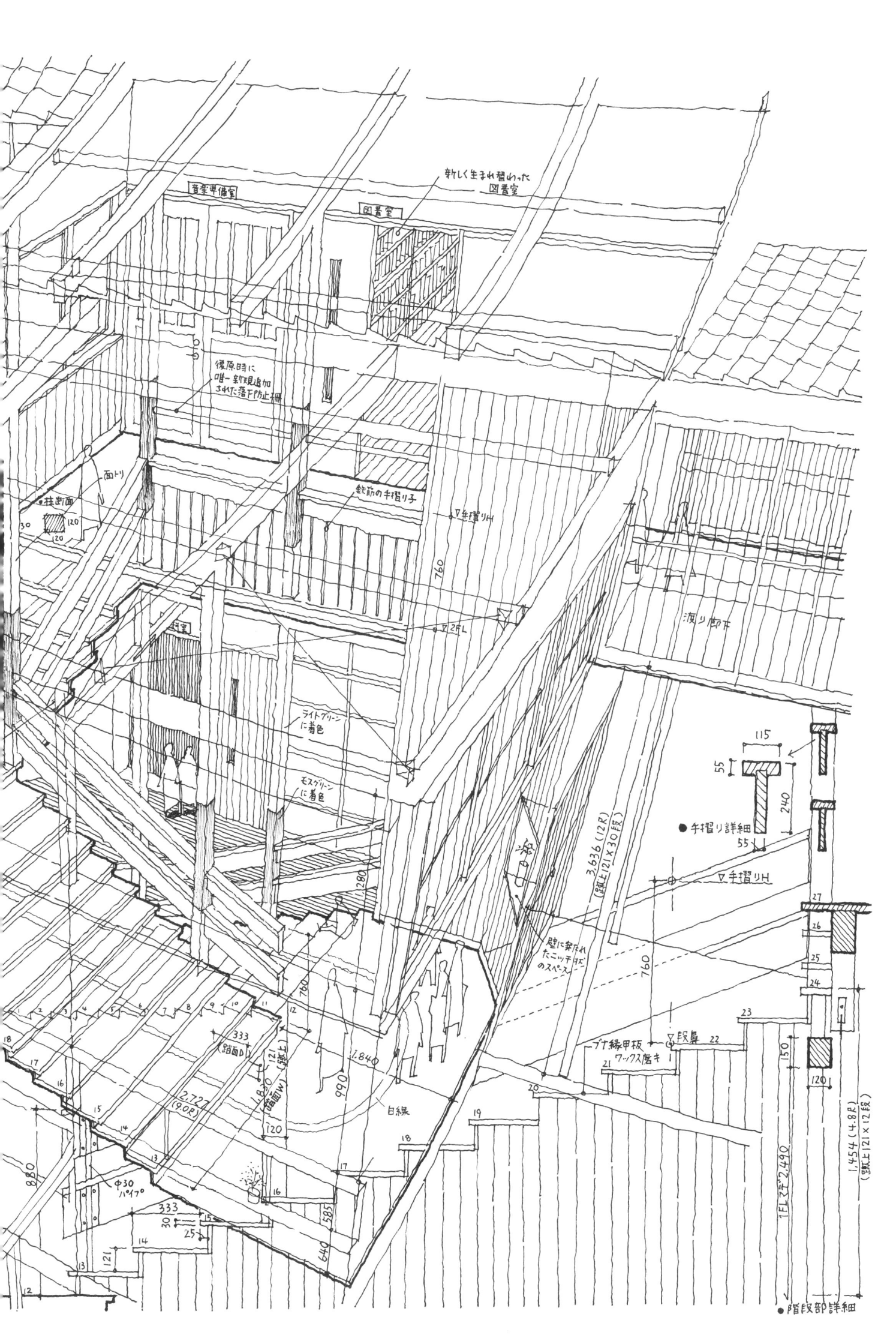

廊下と部屋

　たとえば廊下だけで建築はできるのだろうか、あるいは部屋だけでは可能だろうか。

　青木淳は住宅「H」（1994）にて試みた「動線体」について、以下のように述べている。

「Hの試みは、一言でいえば、生活を不定形で連続なものとしてそのままにとらえ、そういう生活の場である住宅を1本の『道』としてつくり上げることであった。『つながれるもの（目的地）』を『つないでいるもの（動線）』の中に融解してしまうことによって、手段と目的がいまだ分化していない状態に住宅空間を差し戻そうとするものであった。そうした性質をもった空間を僕は『動線体』という造語で呼ぼうとした」（「窓としての住宅　動線体の開きかた」『新建築　住宅特集』1996年8月号）

　また、妹島和世は「スタッドシアター」（2007）について以下のように語っている。

「もうひとつの提案は廊下をつくらないということです。実際はホールと呼んでいる部分が廊下の機能を果たしているわけですが、いわば大きな公園の中に劇場や小部屋があたかも公園施設のようにつくられているという感じにしたかったのです。廊下を通って目的の部屋に行くというよりも、公園を散歩しながら移動するようにしたいと思いました」（東西アスファルト事業協同組合講演録「自作について」2001）

　青木はこの住宅を契機に「潟博物館」（1997）、「B」（1999）などの廊下が拡張したような建築を、一方妹島は「梅林の家」（2003）、「金沢21世紀美術館」（2004）など廊下がなく部屋が等価に並んだような建築をつくり続ける。

　この「廊下だけで建築ができないか」と「部屋だけで建築ができないか」とは、一見真逆の問題を扱っているかのように思われるが、実は根っこの部分ではつながっている。

　近代建築では機能主義的に空間を構成する際、用途を与えた部屋とそれをつなぐ廊下、というようにツリー状に"分解"してきたが、分解された空間はそれ以外の機能では使えない。複雑な多価値社会に対応するには、それらをもう一度未分化の状態に戻し、自由な空間で建築を構成すべきという考え方であり、その軸足を廊下に置くのか、部屋に置くのか、といった違

超緩勾配階段の踊り場より。上下階が一筆書きの連続的空間に感じられる

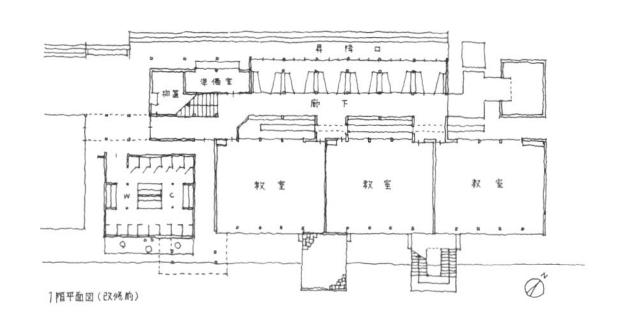

1階平面図（改修前）

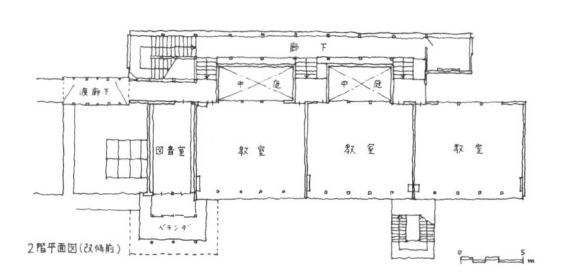

2階平面図（改修前）

日土小学校（所在：愛媛県八幡浜市）

いである。

　廊下に融合、部屋に融合があるのであれば、階段に融合というタイプはないか。つまり「階段だけで」建築はできないだろうか。

部屋のような階段

　階段だけでできた建築——まず階段をベースに多機能が融合したような空間を考えてみるが、それは愛媛県八幡浜市にある「日土小学校」が好例だろう。松村正恒によるこの小学校はドコモモ20選（2000）や国の重要文化財に指定され、近年オリジナルへの復原と一部リノベーションが行われたことが記憶に新しいが、この階段は忠実に復原改修され、その特異な空間が現存している。これほどまでに緩やかで、明るく快適な階段空間があっただろうか。

　まず緩やか、である。1958年に完成した東校舎の北西角に配置された階段は、1階のピロティ状に浮上した下足箱をもつ玄関空間と並び、この建築の見所の一つとなっている。まずこの空間に足を踏み入れた瞬間、その勾配の緩やかさに誰もが驚く。幅員柱芯1

間の折返し階段なのだが、踏面333（単位は mm）、蹴上げ121。通常の小学校階段の法規（幅員 1,400 以上、蹴上げ 160 以下、踏面 260 以上）と比すると、踏面は約3割増し、蹴上げは約3割減といった緩さである。一般の蹴上げと比較すると60〜80mmも低い。実際に歩いて昇降してみると階段というよりはスロープに近い。

　そして明るく快適である。柱間は1間であるが中庭側の壁面が膝上から大きくセットバックしているために広く感じる廊下から連続し、二面採光・通風が確保されており、北側廊下とは思えない明るさと開放感に満ちている。

　また教室に付随する廊下と、北側廊下がスキップ状の段差をもつため、必然的にそれをつなぐ階段がらせん状となり、見る／見られるの関係がたのしい劇場性を獲得している。

　ここでは子どもたちが広い段床に座って本を読み、緩やかな坂道で遊び、吹抜けを介して語らう教室や校庭のような場所となっている。教室や廊下、そして校庭までもが階段が溶けて渦巻き、さまざまなことに使える"部屋"をつくり出しているのだ。

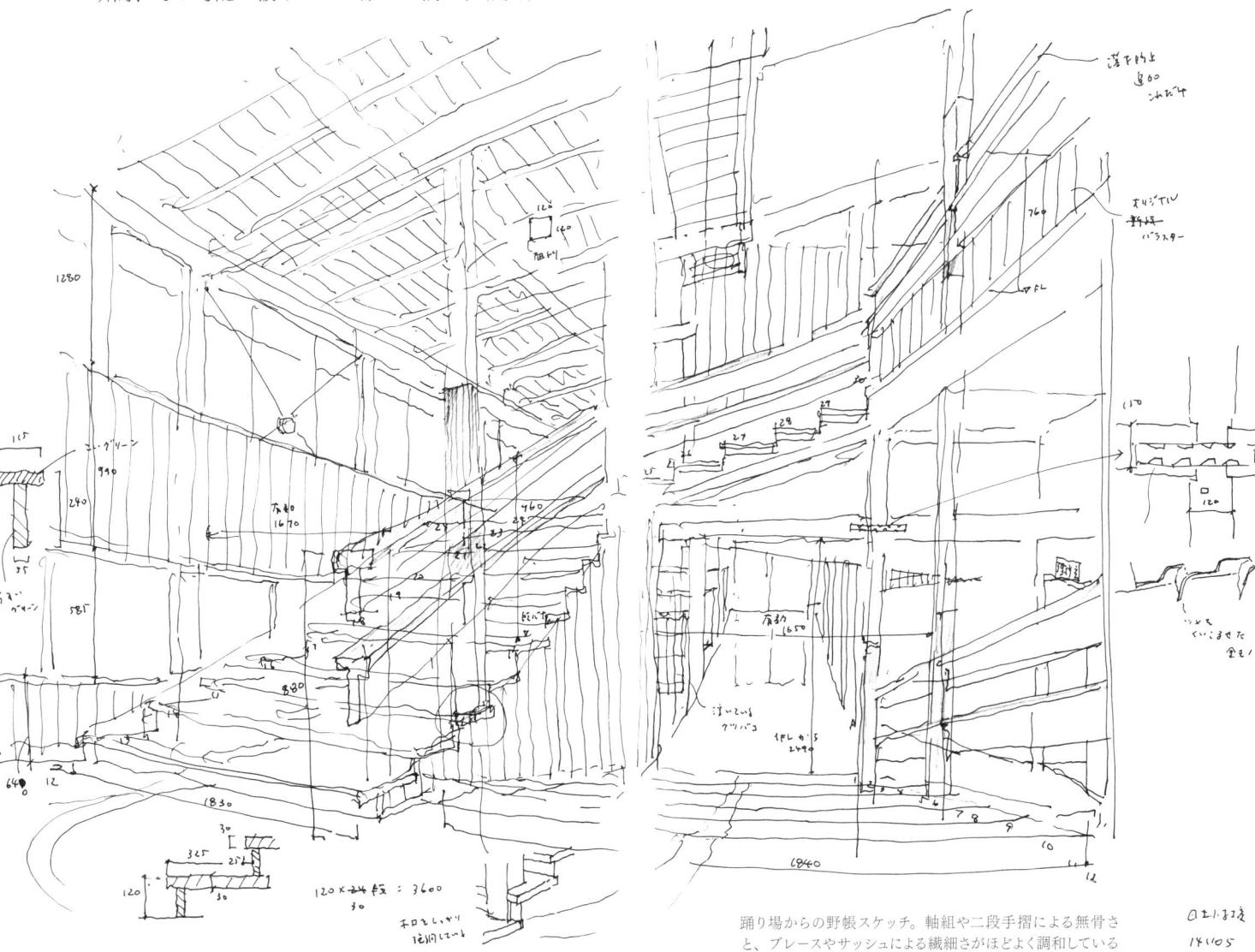

踊り場からの野帳スケッチ。軸組や二段手摺による無骨さと、ブレースやサッシュによる繊細さがほどよく調和している

階段のような部屋／ House SA ［1999年］ 設計：坂本一成研究室

踏面が傾斜した勾配階段、蹴上げの低い緩やかな階段、大
きなスキップフロア、そして畳敷きへの上がり框というよ
うに、合計35段の多種多様な"段床"が巻き上がるように
連続し、ねじ曲げられた切妻屋根がそれらを覆っているよ
うな住宅である。そして床・壁や隙間に夥しいモノが置かれ、
さまざまな位置や高さからそれらを感じることができる。

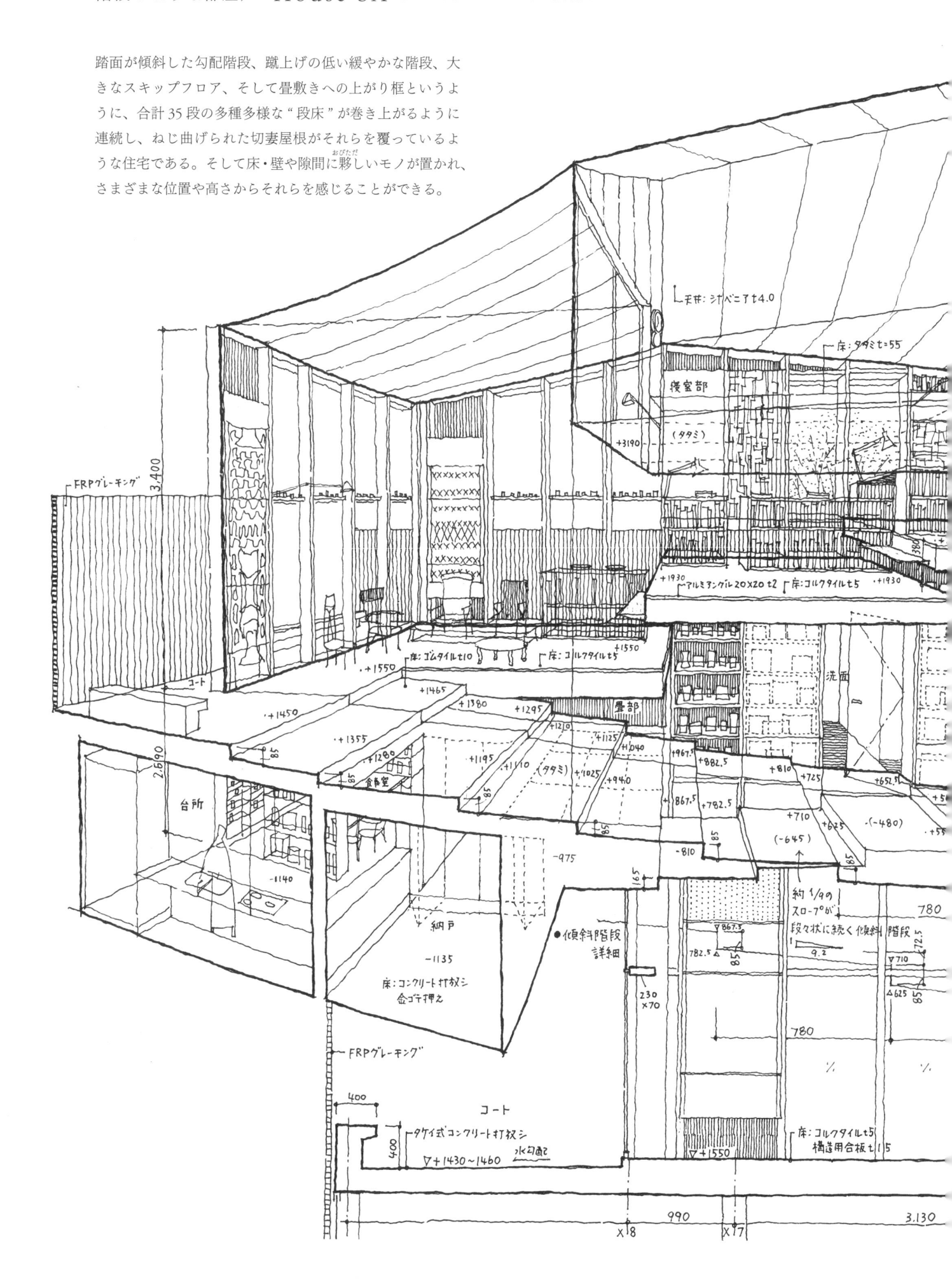

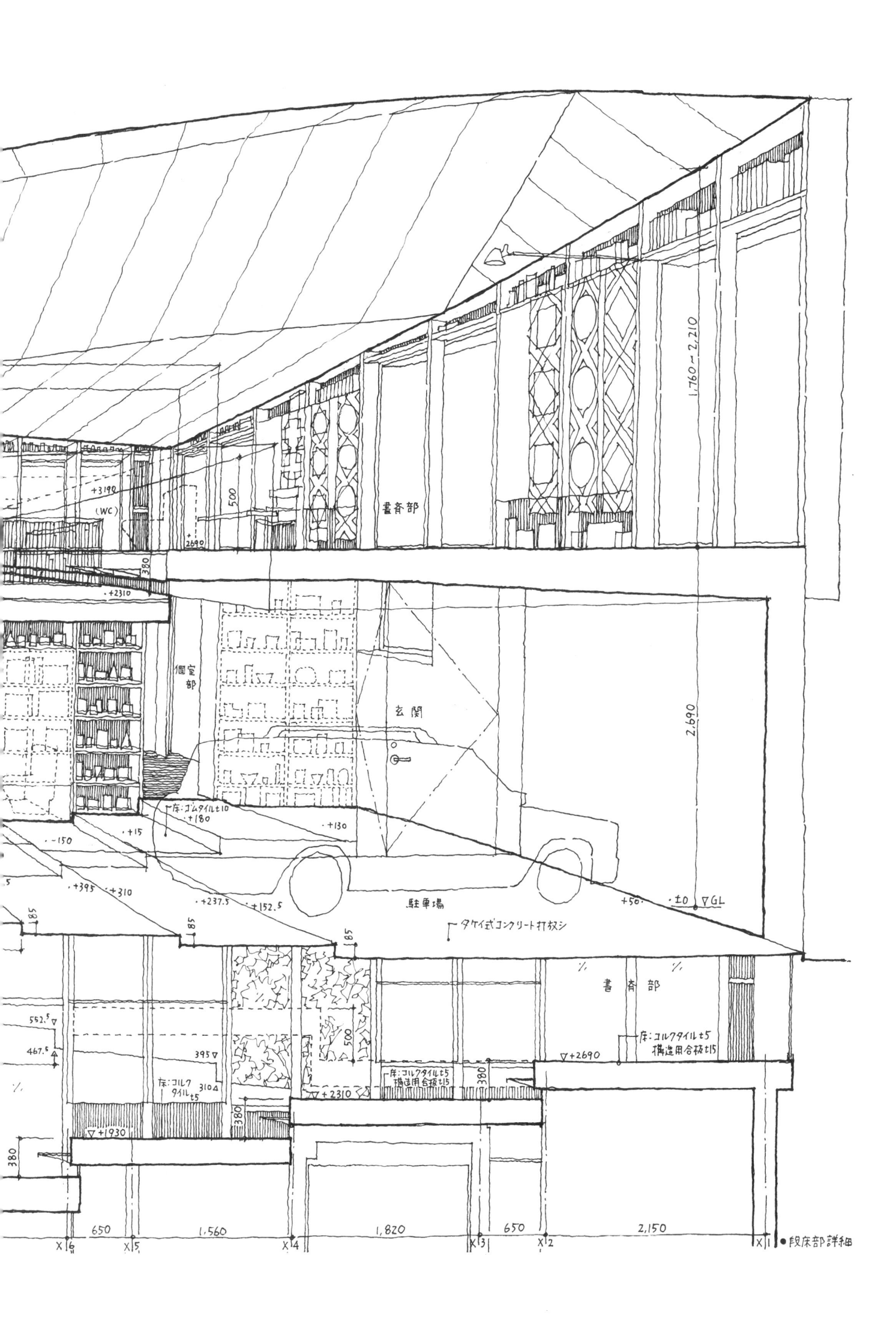

階段のような部屋

　神奈川県川崎市の傾斜した住宅地に建つ「House SA」は、周辺道路がそのまま延長したような、坂道に屋根を架けただけのような住宅である。

　玄関を入るといきなり上り階段と下り階段の"二択"が待ち受けており、まず左の上りを進むと天井の高いスペースにて折り返し、平面図では名なしの大きな段床をスキップし、再び折り返し最上部の畳敷き「寝室部」へと到達。また玄関から右手を下ると、洗面・浴室や夥しい陳列物を横目に見ながら「畳部」そして「食事室・台所」へと潜り込む。つまり最下部である台所から最上部である寝室部に至るまで、大きなスパイラルを約2周巡ることとなり、その行程なんと約50m（筆者調べ）。夜中に水を飲みに行くのに往復100mの坂道を行脚するのである。

　また玄関からの上昇階段は、駐車場からコートに至る半外部・外部階段と並走しており、そのルートも含めると敷地内にて相当な距離を歩くことができる。

　なぜこのような住宅になったかを坂本一成が語っているが、その理由が実にユニークである。「家内が、階段で上っていくような家は嫌だと言うんです。（中略）少しずつレベルをずらしながら全体をつくればいいのではないか…と。どうも家内は階段室があるのが嫌だということだったらしいんですが、結果的には階段だらけになっちゃったんです（笑）」（坂本一成×古谷誠章「当たり前のようで当たり前ではないものを…」『INAX REPORT』No.186、2011）

　坂本はこれまで「水無瀬の町家」（1970）や「代田の町家」（1976）等を通して家型住宅の現代版を追究してきたが、この住宅はまるでそれらが連結・融解し、坂道に寄り添いながら巻き上がっているようにも見える。それが巻き上がる過程で亀裂を生み、段差が生じ、屋根が交錯し、かつての住宅と比べて明るく開放的で複雑な家となったのではないか。あの多木浩二をして「わからない」と言わしめたのもうなずける。

　そこにはありとあらゆるモノモノモノが置かれ、家全体が棚のようであり、大きな坂道に沿うにぎやかな街のようでもある。

空間の"素"

　「日土小学校」が階段にさまざまな機能や場所が溶けた"部屋のような階段"だとすると、「House SA」は部屋が地形に沿って段々化した"階段のような部屋"である。形成の順番が逆ではあるが、いずれの建築も"手段と目的がいまだに分化していない状態"のような場所となっている。つまり部屋なのか階段なのかがよくわからない状態に近い。

　多種多様な才能や人格を育む教育の場所や、地域とつながりつつ多彩なモノを受け容れる空間という、高いポテンシャルを備えるべき空間は、おそらく従来のツリー状に分化した断片では対応できない。いわば空間の"素"ともいうべき、空間のはじまりのような状態が求められるのである。

大きな段床と折屋根という二つの地平に挟まれた空間が、らせん状に巻き上がる

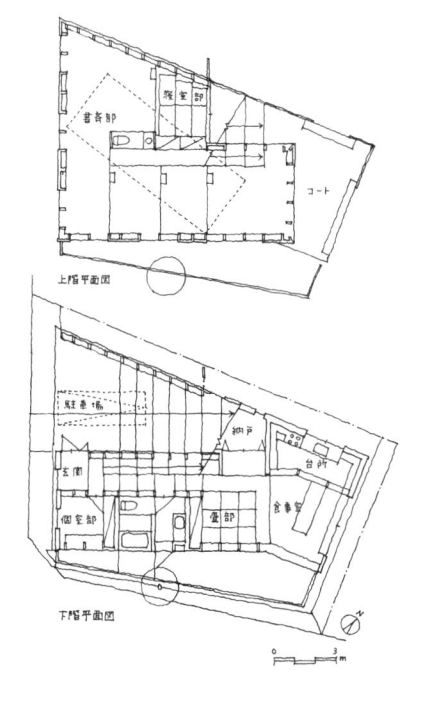

House SA（所在：神奈川県川崎市）

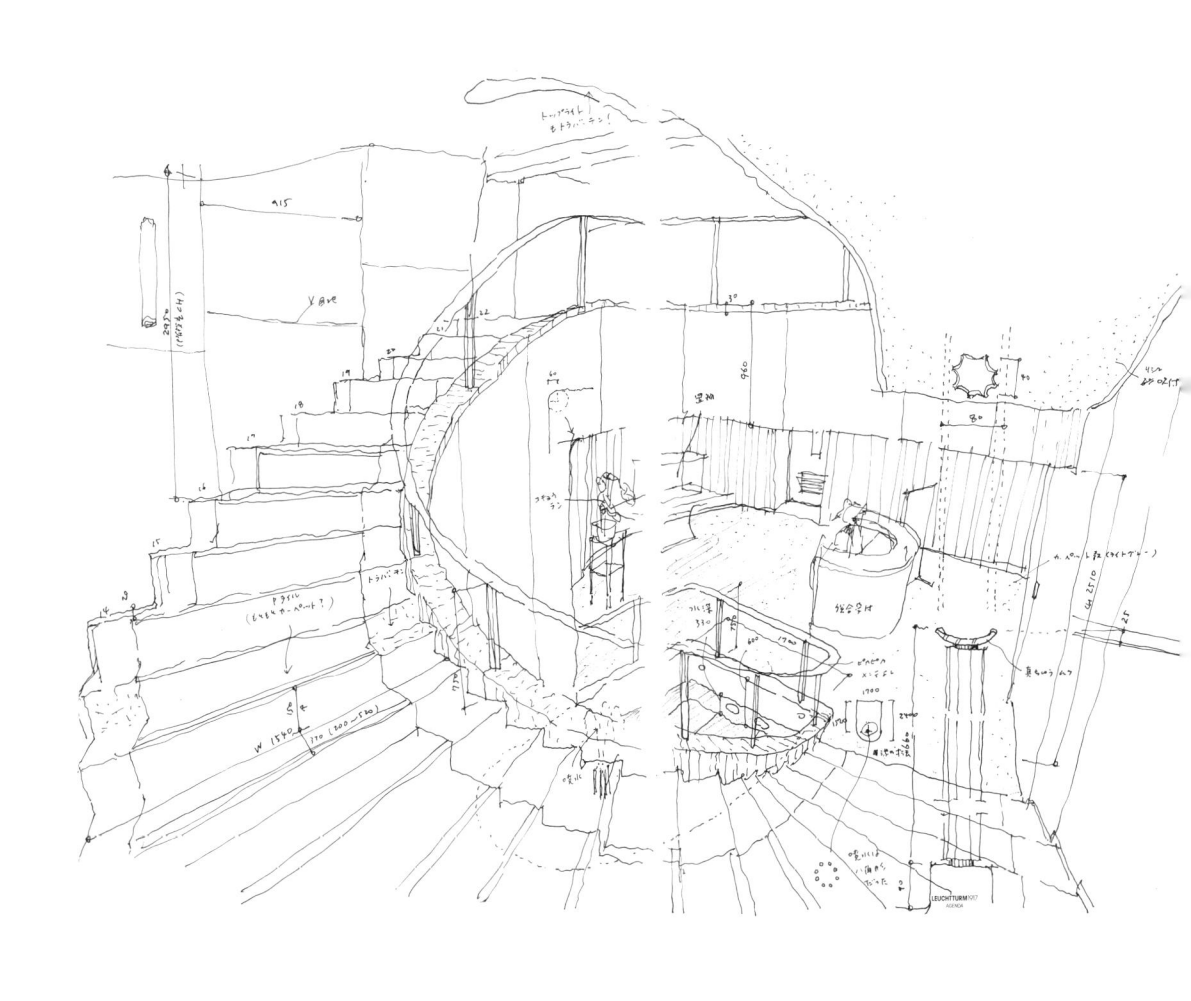

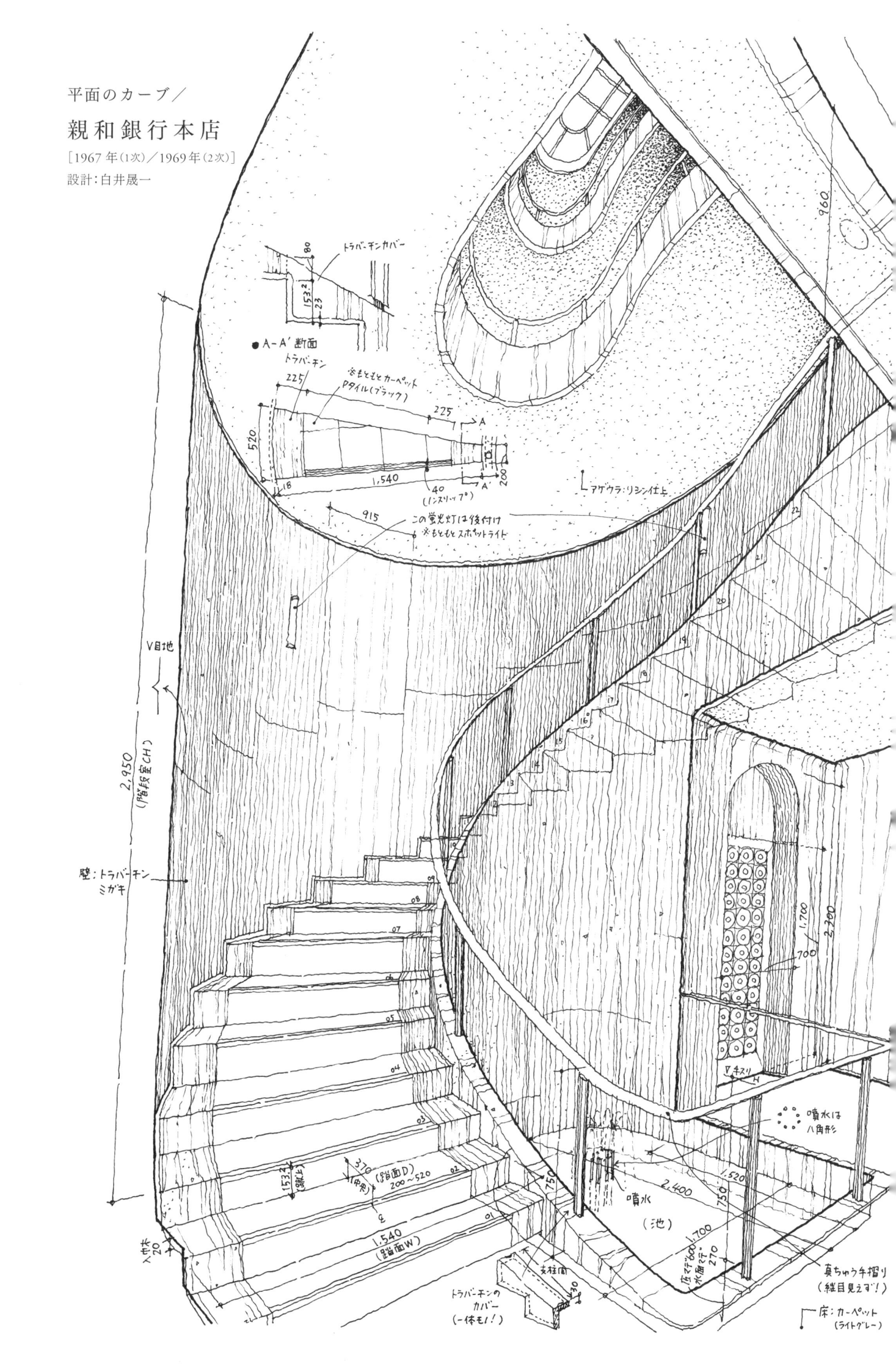

平面のカーブ／

親和銀行本店

［1967年(1次)／1969年(2次)］

設計：白井晟一

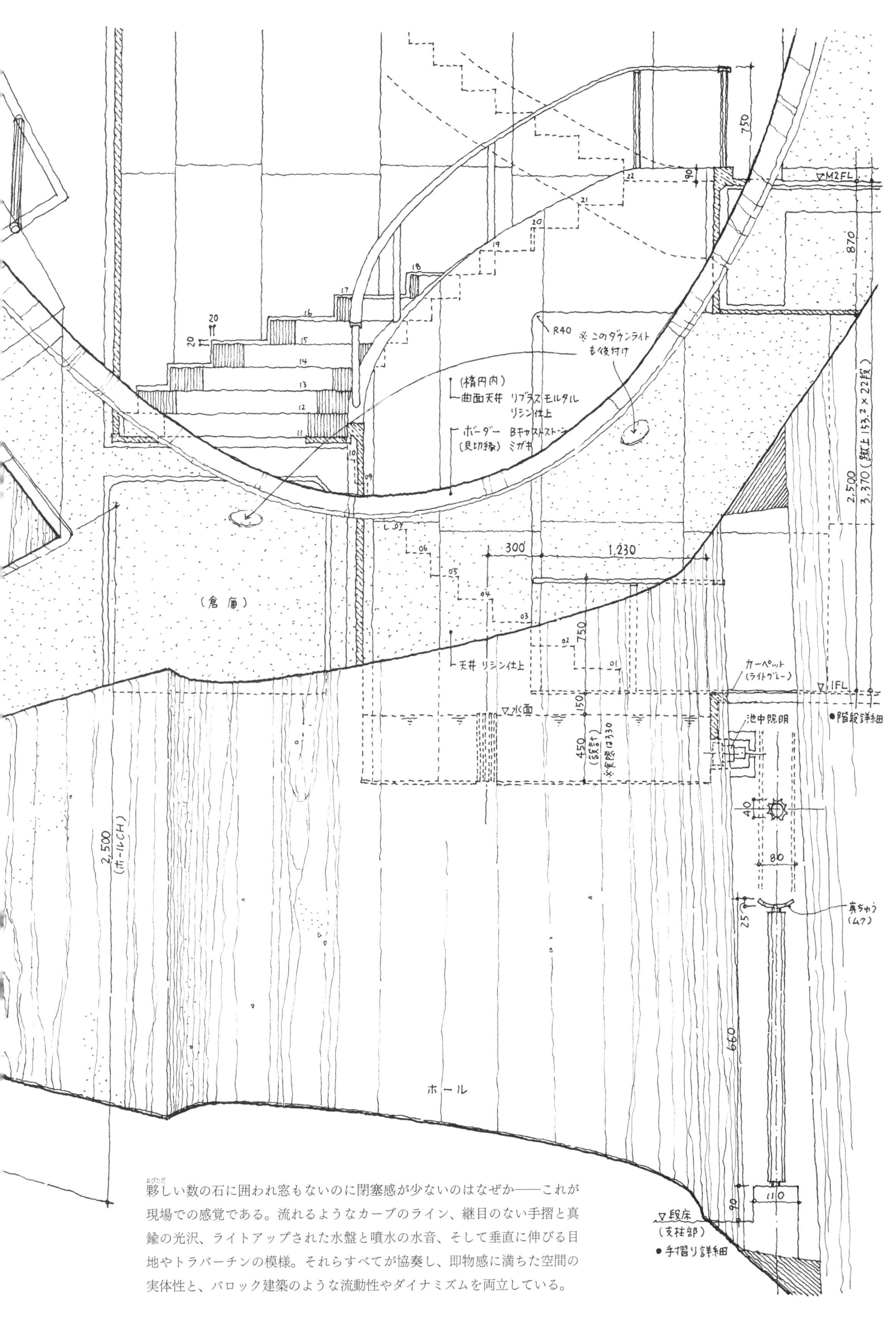

750

▽M2FL

870

R40　※このダウンライト
も後付け

3,370（床上 153.2 × 22尺）
2,500

22

21

20

19

18

17

16

15

14

13

12

11

20

20

（楕円内）
曲面天井　リブラスモルタル
　　　　　リシン仕上
ボーダー　Bキャストストーン
（見切縁）　ミガキ

07

06

05

04

03

02

01

（倉庫）

300　　1,230

750

天井 リシン仕上

150

450
（5段分）
実際は330

▽水面

カーペット
（ライトグレー）

▽1FL

●階段詳細

池中照明

40

80

真ちゅう
（ムク）

2,500
（ホールCH）

25

660

ホール

90

110

▽段床
（支柱部）

●手摺り詳細

夥しい数の石に囲われ窓もないのに閉塞感が少ないのはなぜか——これが
現場での感覚である。流れるようなカーブのライン、継目のない手摺と真
鍮の光沢、ライトアップされた水盤と噴水の水音、そして垂直に伸びる目
地やトラバーチンの模様。それらすべてが協奏し、即物感に満ちた空間の
実体性と、バロック建築のような流動性やダイナミズムを両立している。

建築の空気を読む

「建築設計においてKYではいけない」。大学の設計製図やゼミにて、学生についつい発してしまうコトバである。もはや死語に近い？ケーワイとはもちろん「空気が読めない」の略語であるが、この場合の"空気"とは全体のコンセプトやデザインコードのことを指している。建築を構成するさまざまな部分である建具や照明、階段やバルコニーなどの点的要素や、素材や仕上げなどの面的要素、さらにはそれらの細部であるディテールを決定していく際に、全体の空気をよく読めなければ建築としてのバランスやコンセプトの純度を保つことができない。

優れた建築の部分は、全体についての十分な理解がなされたうえでのいわば解答であり"正解"である。「TWAターミナル」（1962）のスロープ、「ファンズワース邸」（1951）のコアそして天井との取り合い、「フィッシャー邸」（1967）の暖炉の角度、「ミュラー邸」（1930）階段脇のノコギリ壁、「ダルザス邸」（1932）のガラスブロックを照明器具にするライティング等々。挙げだすとキリがないが、どれもが正解であり、それらが集積されることにより建築全体の質が向上していることは言うまでもない。

ここではその"空気"の独特さが際立つ二つの建築を採り上げる。いずれも楕円やアーチなどのカーブが多用された建築であるが、片や主として平面的にカーブが多く用いられた、独自の哲学的思想に基づく銀行建築。もう一つは主に立面にベジェ曲線状のアーチが、森のように無数に展開する図書館建築。仮にこの全体性を前提として、階段やエントランスなど必要な部分のデザインを演習課題とした場合、学生たちはどのような解答を描くだろうか。

囲われつつも開く階段

哲学的な銀行建築とは、白井晟一による「親和銀行本店」である。

人体がほぼシンメトリーな外形をもちながらも、内部はそれぞれ独自の形態をもった臓器が適材適所に配され、結果的にアシンメトリーな構成となっているのと同様に、白井によるこの量塊内にもさまざまな臓器のような空間が充満している。アーケードより向かっ

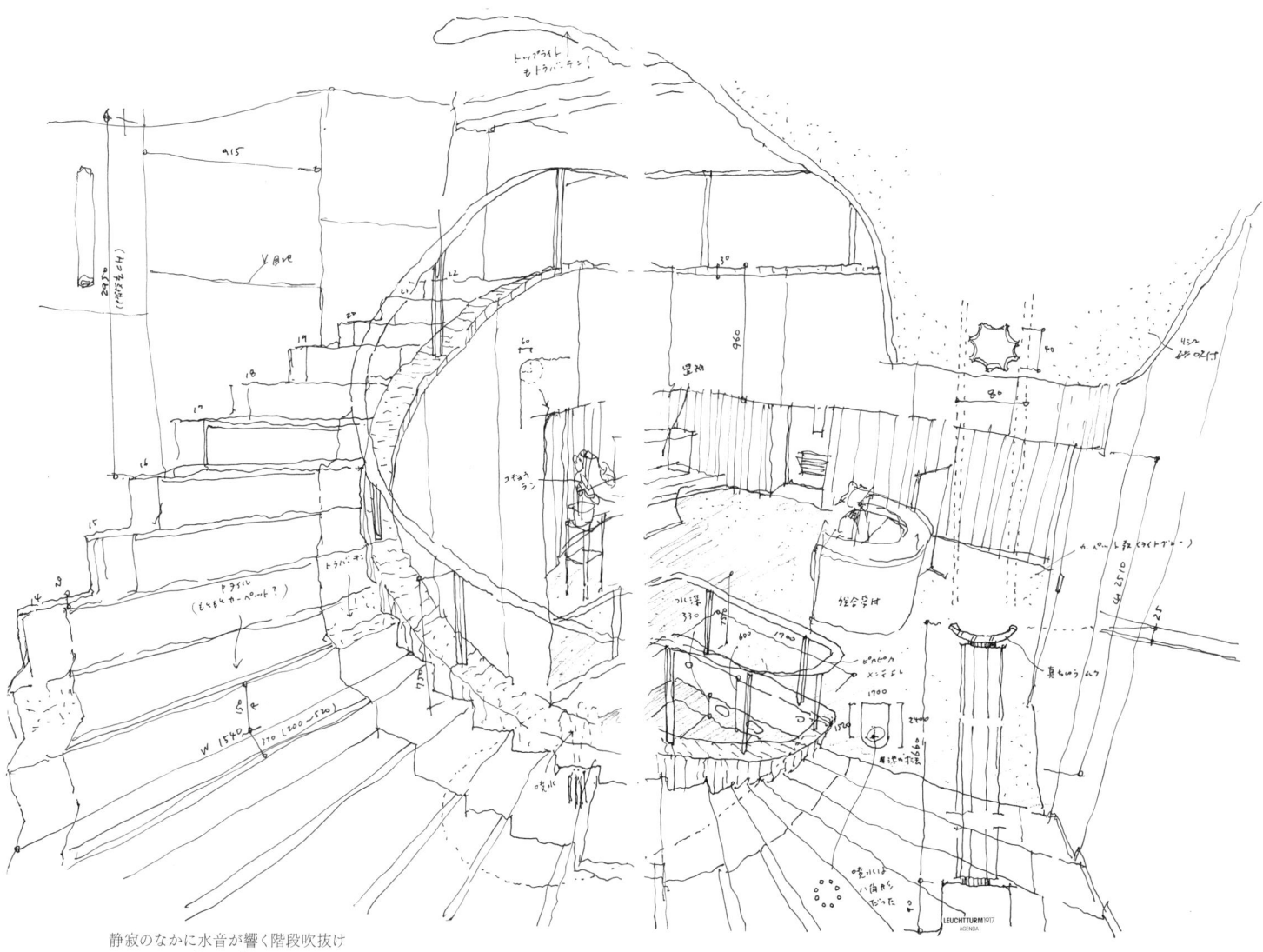

静寂のなかに水音が響く階段吹抜け
からホールを望む野帳スケッチ

て左手の、白い基壇と黒い曲面壁が印象的な塊には、楕円の曲壁やトップライトに囲まれた大きな吹抜けをもつ第一営業室が内在。また右手の黒光りするシリンダーにもち上げられた白い多角柱状の塊には、シリンダー内の白い階段レリーフが湾曲する抽象的な広間や扁平のヴォールト天井をもつ第二営業室等。この二つのヴォリュームの間でちょうど心臓の位置に配置された中央階段を、白井はどのように構想したのだろう。

その階段はエントランスから客溜りを経て進入する。やはり楕円形の曲面天井を望むホールに面して設けられている。ゆるやかに湾曲したトラバーチンの壁に囲われたホールにとっての舞台の如く、平面的には半円状の階段空間が巻き上がる。そこはまるで石の塊から穿たれた彫塑的な階段であり、一見堅く閉塞的な空間感覚を予感させるが、実際に昇降してみると意外に開放的であり軽快な印象。それはなぜか。

藤森照信が「外壁ではトラバーチンの目を水平にして置いたのに、室内では縦にしている。トラバーチンはサンゴ虫の堆積石だから目は水平が自然の摂理なのに、そして世界中どこでも水平が定石なのに、どうして室内では縦なのか。石と石の目地を床から天井まで、縦一本線で通したかったのだ。縦目地一本の形を壁面に与えたかった。（「現代建築考22」『LIVE ENERGY』vol.92 東京ガス、2010）」と指摘しているように、石の使い方が関係していそうだ。

なるほど石の目地や模様線がタテ使いされていることにより、中央に穿たれた水盤から湧き上がる水煙のような上昇性が生まれ、石の重量性や円形による求心性を緩和している。さらには水中からのライトアップやトップライトからの光、羽衣のように天から舞い降りたような継目のない真鍮手摺の流動性がその感覚を助長している。

重いのに軽い階段

ベジェ・アーチの森とは、伊東豊雄による「多摩美術大学図書館」である。多摩丘陵の緩やかな斜面に建つ2階建ての図書館は、アーチ状の孔がくり抜かれたコンクリート壁が湾曲し、交差し、積層されたような構成をもち、内部ではその無数のアーチによる多彩な風景の切取りや、什器のしつらいとの関係によるさまざまなスペースが生みだされている。

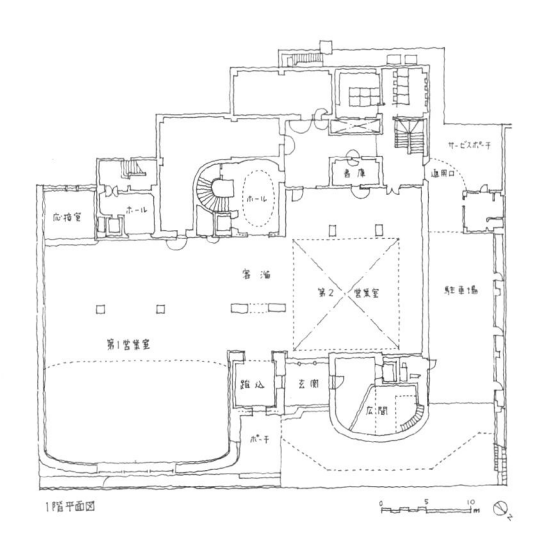

1階平面図

親和銀行本店（所在：長崎県佐世保市）

まるでトラバーチンの塊から切り出されたように、段床とボーダーが一体化し連続している

立面のカーブ／多摩美術大学図書館（八王子キャンパス）［2007年］

設計：伊東豊雄建築設計事務所

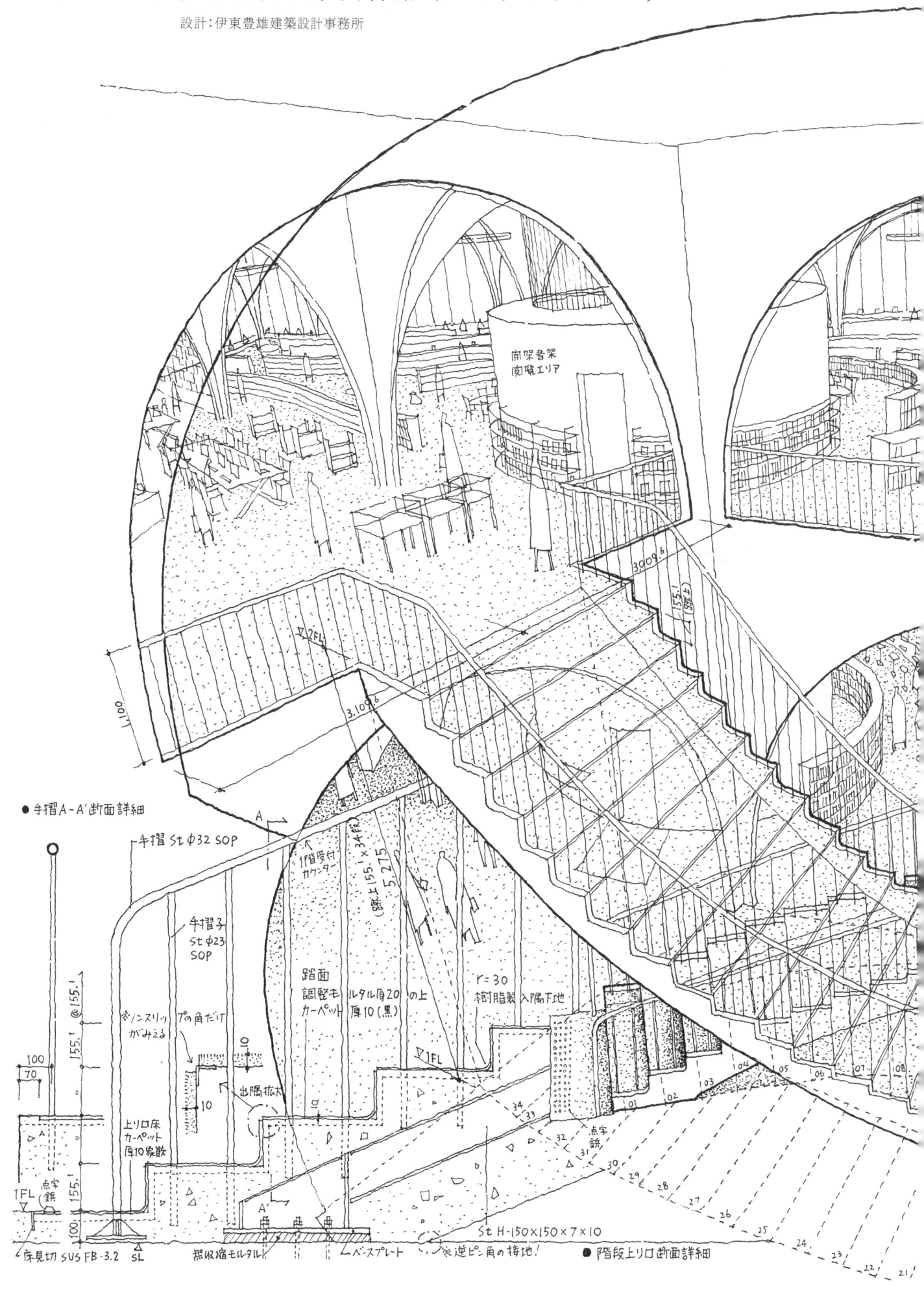

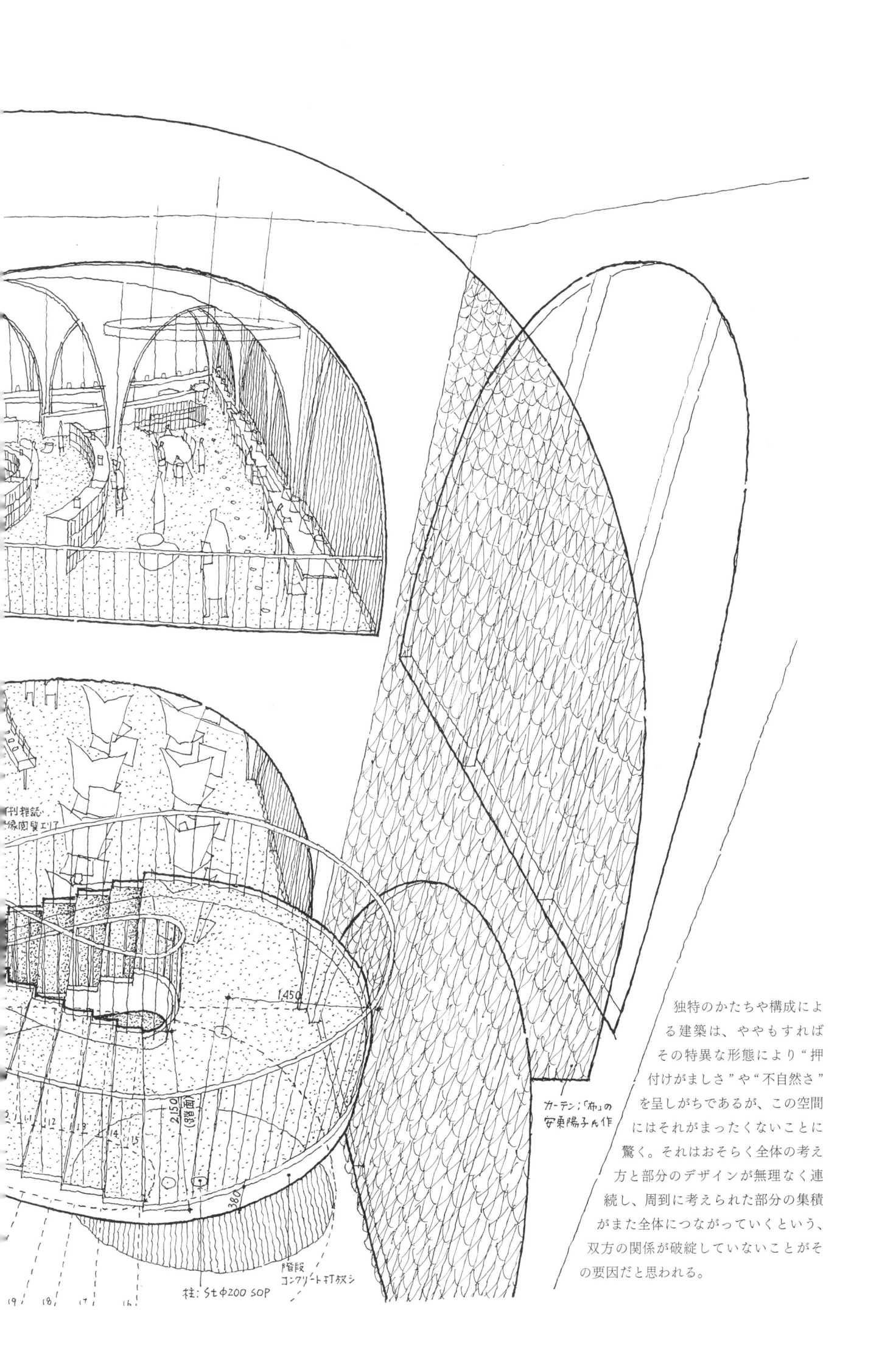

刊雑誌
像閲覧エリア

1,450

2,150 （断面）

380

19 18 17 16

12 13 14 15

柱：St φ200 SOP

カーテン「布」の
安東陽子ん作

階段
コンクリート打放シ

独特のかたちや構成による建築は、ややもすればその特異な形態により"押付けがましさ"や"不自然さ"を呈しがちであるが、この空間にはそれがまったくないことに驚く。それはおそらく全体の考え方と部分のデザインが無理なく連続し、周到に考えられた部分の集積がまた全体につながっていくという、双方の関係が破綻していないことがその要因だと思われる。

コンクリートの壁式構造にもラーメン構造にも見えない、躯体がもつ独特のプロポーションは、SC構造（鉄骨＋コンクリート）と呼ばれる方式で、簡単にいうと鉄骨のプレートで骨格をつくり、たわみ防止や被覆のためにコンクリートをコーティングしているとのこと。これにより1.8〜14.5mという多様なスパンのアーチが200mmという同じ壁厚で実現しており、これが独特の風貌を生み出している。

この薄肉のコンクリートアーチの森という"空気"を読み、どのような階段がデザインされたのだろう。

その階段は1階の傾斜した床をもつエリアとフラットな床をもつオフィスエリアとの間に位置し、湾曲した2枚の壁と直立した2枚の壁に囲われた吹抜け空間に据えられている。端部がわずかに交差したUの字のコンクリート板を上下に引き延ばし、天板をノコギリ状に加工し階段として仕立てた、というような形状をもつ。興味深いのは無理に薄くすることなく、しっかりと厚みを与え存在感をもたせていること。コンクリートの即物感や実体感がありつつも、おおらかな平面的カーブや段板入隅の小さなカーブが軽やかさを感じさせるという、自己矛盾的な不思議さを醸し出している。重いのに軽く、固定的なのに流動的。

また手摺端部の納まりやノンスリップとカーペット

の取合い、そしてカーペットの終わり方など、建物全体のデザインコードと一貫性をもったディテールの数々がどれも"正解"なのである。さりげないシンプルな佇まいが、実は多くのさまざまな工夫やデザインの集積により支えられている、見所の多い階段空間である。

独自性を与える

親和銀行本店では平面的に展開する楕円やカーブという空気を読み、それを促進するような半円形の階段を構成。ただし石の重量感や円形による閉塞感を緩和する操作が見られた。また、多摩美術大学図書館では立面的なカーブのなかで対比的に平面カーブの階段を設置。これも即物感や存在感を残しつつも軽快感や浮遊感を両立させている。

どちらの階段空間も、通底する全体の"空気"に対して従順でありながらも、ピリッとした存在感や不思議さが与えられ、階段空間自体に独自性が生まれていることが共通している。さらに忘れてならないのは、それらが多くの"正解"により支えられているということだろう。

蹴上げと踏面が一定のリズムで連続する折返し階段のはずなのに、懸垂曲線のようなしなやかさとのびやかさを感じる。これはU字状にカーブしている平面の仕業だ

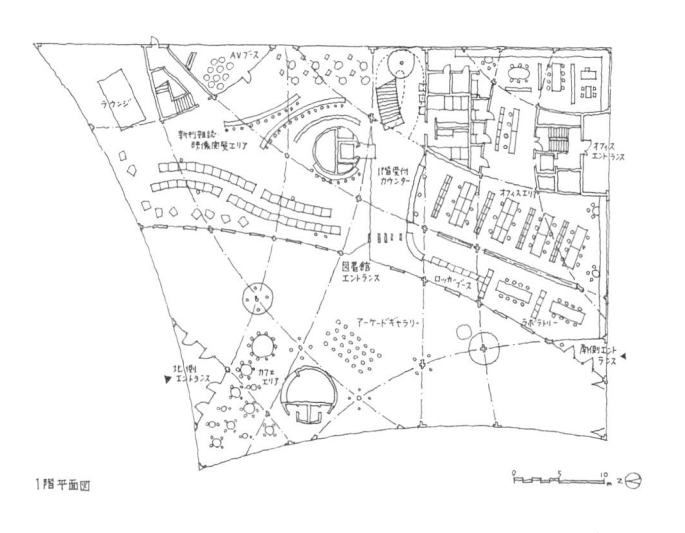

1階平面図

多摩美術大学図書館（所在：東京都八王子市）

ブリコラージュ／メタコラージュ

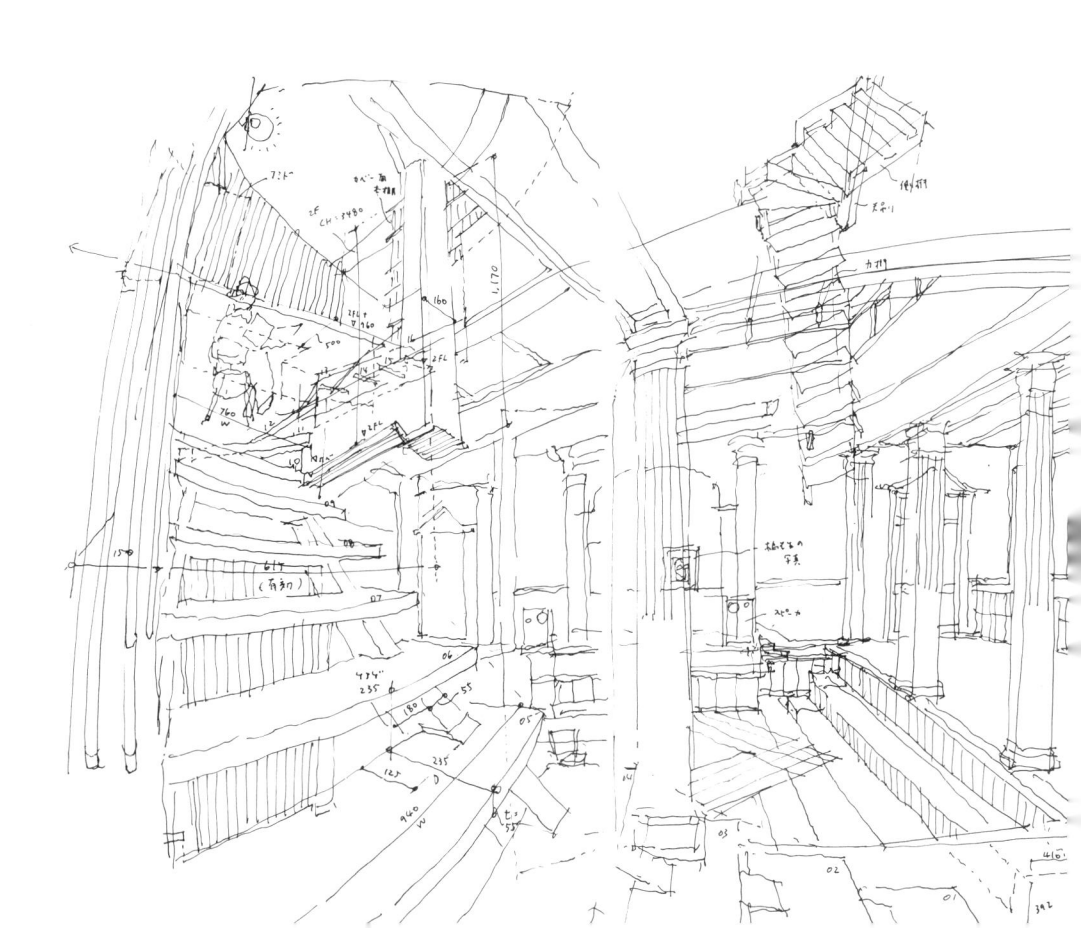

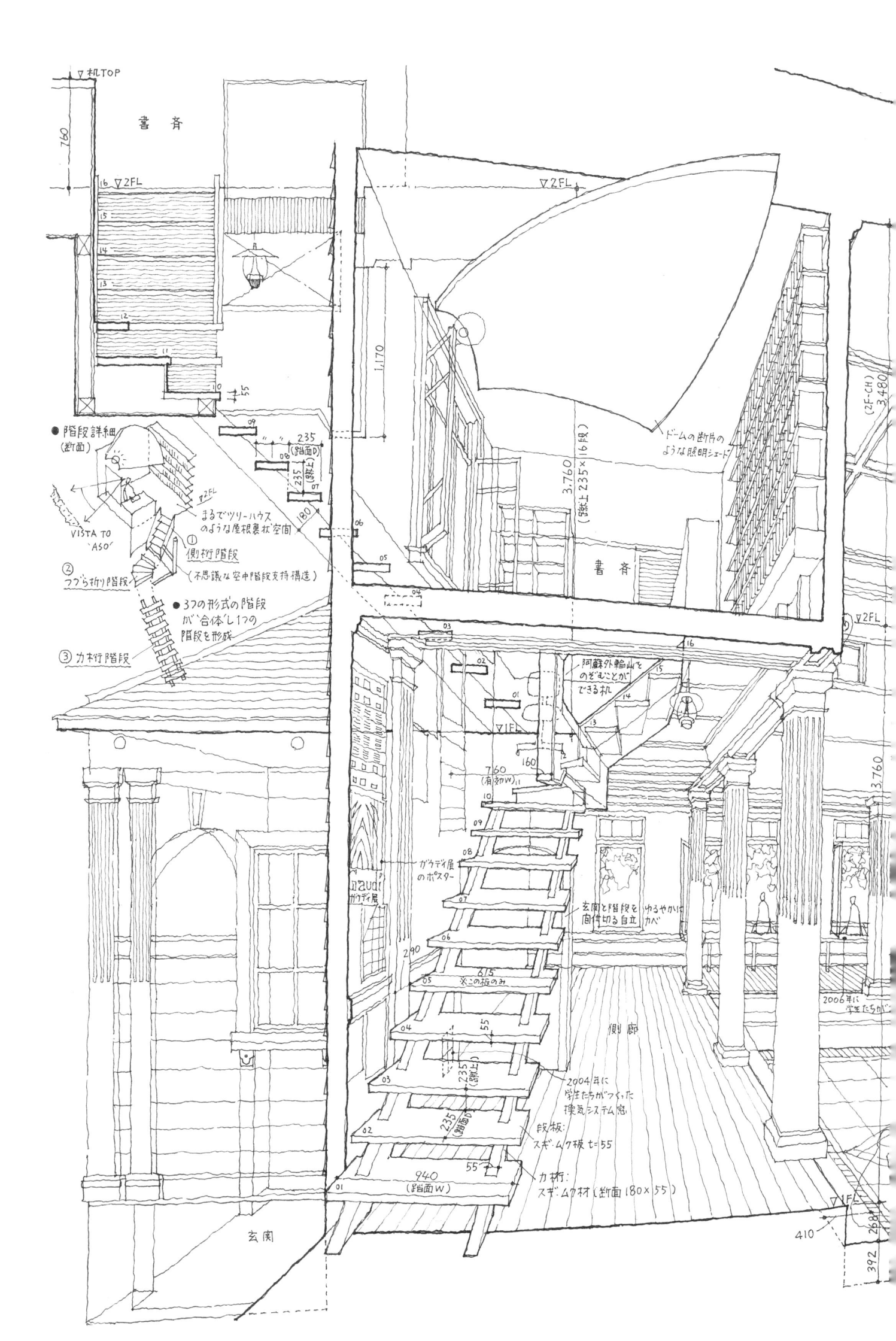

ブリコラージュ／ 孤風院

［1908年／1975年（移築）］ 設計：木島安史

旧講堂時代から数えると齢110にもなる古建築であるが、木島氏によるガラス張りの浴室付加、遺志を受け継ぐ「孤風院の会」による庭の資材倉庫群・道具壁、音楽のための家具、換気システム、そして空中足湯である「窓湯」などさまざまな"アタッチメント"が装着され、いまも成長している。このブリコラージュ階段は付け足しによる成長過程の先駆けだったのかもしれない。

格天井の格子面はベニヤ板素地

木島氏の写真

ホール

側面

モケイ

巨大なスピーカー

台所

床:石貼

自由な階段

学生のころに入手した『建築設計資料集成』や『構造用教材』を設計の際にいまだに参考にすることもあるが、そのなかで階段の章を見るといくつかの形式や種類が載っている。平面形式としては直階段、折返し階段、折れ曲がり階段、回り階段。構造形式は側桁階段、ささら桁階段、中桁階段、片持ち階段。素材別に見るとコンクリートやPCの一体成形型、鉄骨らせん階段や組立式階段など。

ごく一般的な設計手順としては、平面形式を選択し、それに見合った構造形式や素材を選択するという流れであり、たとえばスペースの制約や動線の関係から直階段を選択し、空間的には透明感の高い片持ち階段が相応しく、片持ちなので基材は鉄骨とし踏板は木材で、といった具合であろう。

このような多くの選択肢から決定する平面形式、構造そして素材は、コンクリート一体型の折返し階段、鉄骨の側桁でまとめた回り階段というように、それぞれ1種類ずつというのが常である。折れ曲がり階段を鉄骨と木造とか、側桁と力桁階段を連結するなどと

いった折衷はあまりしない。

しかし本来、階段は自由なものである。踏面と蹴上げのリズムが一定であり十分な踏み幅をもつものであれば、構造形式や素材は変わっていてもよいはずだ。途中まで石積みで途中から木造、あるいはささら桁と中桁が切り替わるというように。このような「コラージュ階段」になかなかお目にかかれないのはなぜか。おそらくその必然性や有用性がないからだろう。

ブリコラージュな階段

そんな単一形式・単一素材というステレオタイプを挑発する階段がある。木島安史による「孤風院」の側廊に設けられた素朴な階段だ。

孤風院とは、解体が決定された熊本高等工業学校（現熊本大学工学部）の講堂（1908）を木島安史が私費を投じて引き取り、阿蘇へ移築後に自宅兼アトリエとして使用していた"住宅"である。1975年の移築以来、住みながらの再生工事が続けられ、それは氏が他界する前年まで続けられた。

もともと矩形平面であった講堂が、側廊をもつバシ

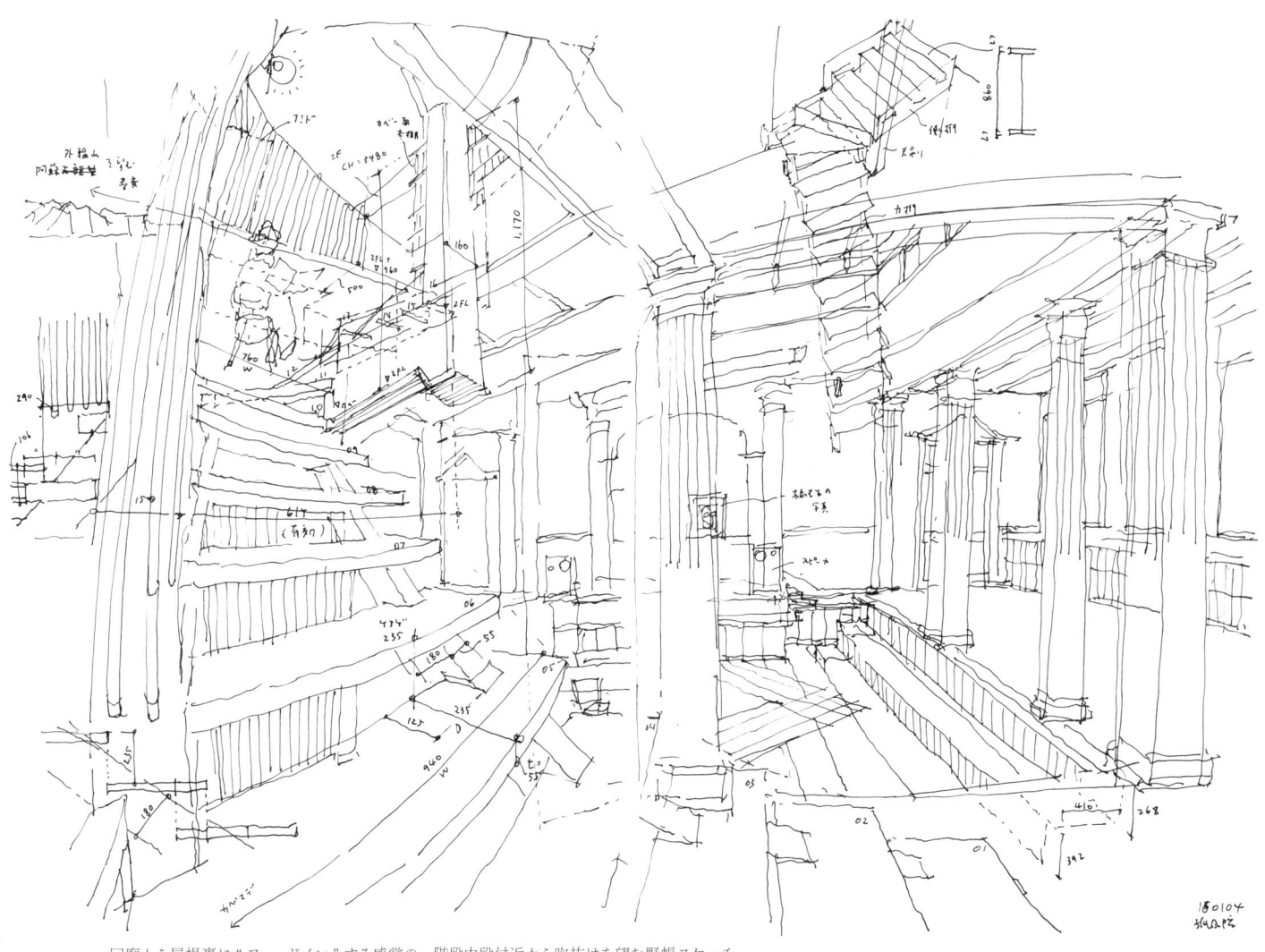

回廊から屋根裏に"フェードイン"する感覚の、階段中段付近から吹抜けを望む野帳スケッチ

リカ形式を保持しつつ正方形に切断圧縮され、吹抜け広間を沈床に、そして2階に和室や書斎が増床された。玄関から側廊に踏み入ると、上部の広大な天井懐を居室化するため天井板に孔が開けられ、そこにハシゴのような階段が架かり、L字状に曲げられて天井内に潜り込んでいる。何でこんな窮屈そうに折り曲げられているのか。そしてよく見れば力桁、つづら折りそして側桁階段という計三つの階段形式が数珠つなぎに連なっている。なぜツギハギなのか。

その理由は上るとわかる。机の配置から決まっているのだ。玄関真上の北側窓からは順光に映える雄大な阿蘇外輪山を望むことができ、これを横目に読書や物書きをしたかったのだろう。何よりもこの机配置が優先され、その他本棚や和室への出入口、そして階段は脇に追いやられ、ことに階段は机と外壁による入隅にL字状に畳み込まれたのだ。

そしてツギハギの理由はというと、おそらくL字形の曲がり階段をキチンと新設しようと思えばできたとは思うが、それは当時で築70年にも及ぶ空間の風情に似合わないということと、移築再建の際に出た余材を活用しようと考えたからではないだろうか。

これは一見複数の形式が組み合わされたコラージュ階段であるが、単なるコラージュではなく"ブリコラージュ階段"である。ブリコラージュとは「ありあわせの道具材料を用いて自分でものを器用につくること」であり、よく冷蔵庫の残り物でつくる食事に例えられるが、この階段はさまざまな空間を引き立てるよくできた一品のように仕立てられている。

階段を超えた階段

孤風院のように多様な構造形式がコラージュされた階段もあれば、床や壁や本棚といった、本来階段の要素ではないものも含めてさまざまなエレメントがコラージュされた階段もある。たとえばカルロ・スカルパによる「オリベッティ・ショールーム」（1958）では、大小の薄い石板が集合して階段や壁を構成しているが、逆に見ると段板が時折拡張し、踊り場や商品陳列棚や衝立てといったさまざまな機能を獲得しているようにも見える。

このようにさまざまな要素が集合し、それが階段を超えた機能を獲得している"超階段"のことを勝手に

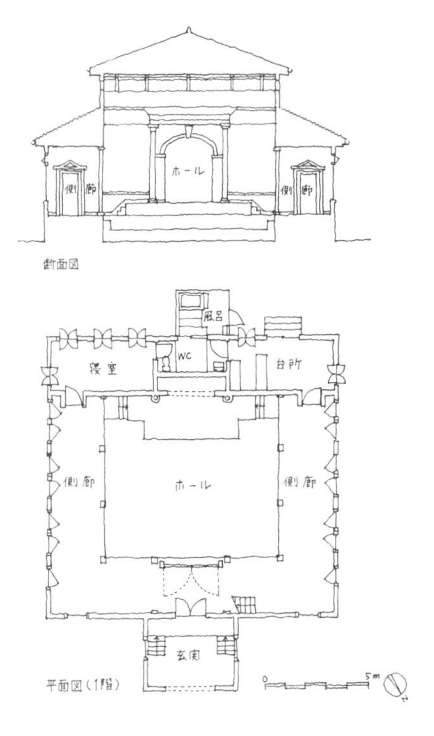

断面図

平面図（1階）

孤風院（所在：熊本県阿蘇市）

一見何の変哲もない直階段だがよく見ると上段で矩折れし、怪しげな木造作に吊られている

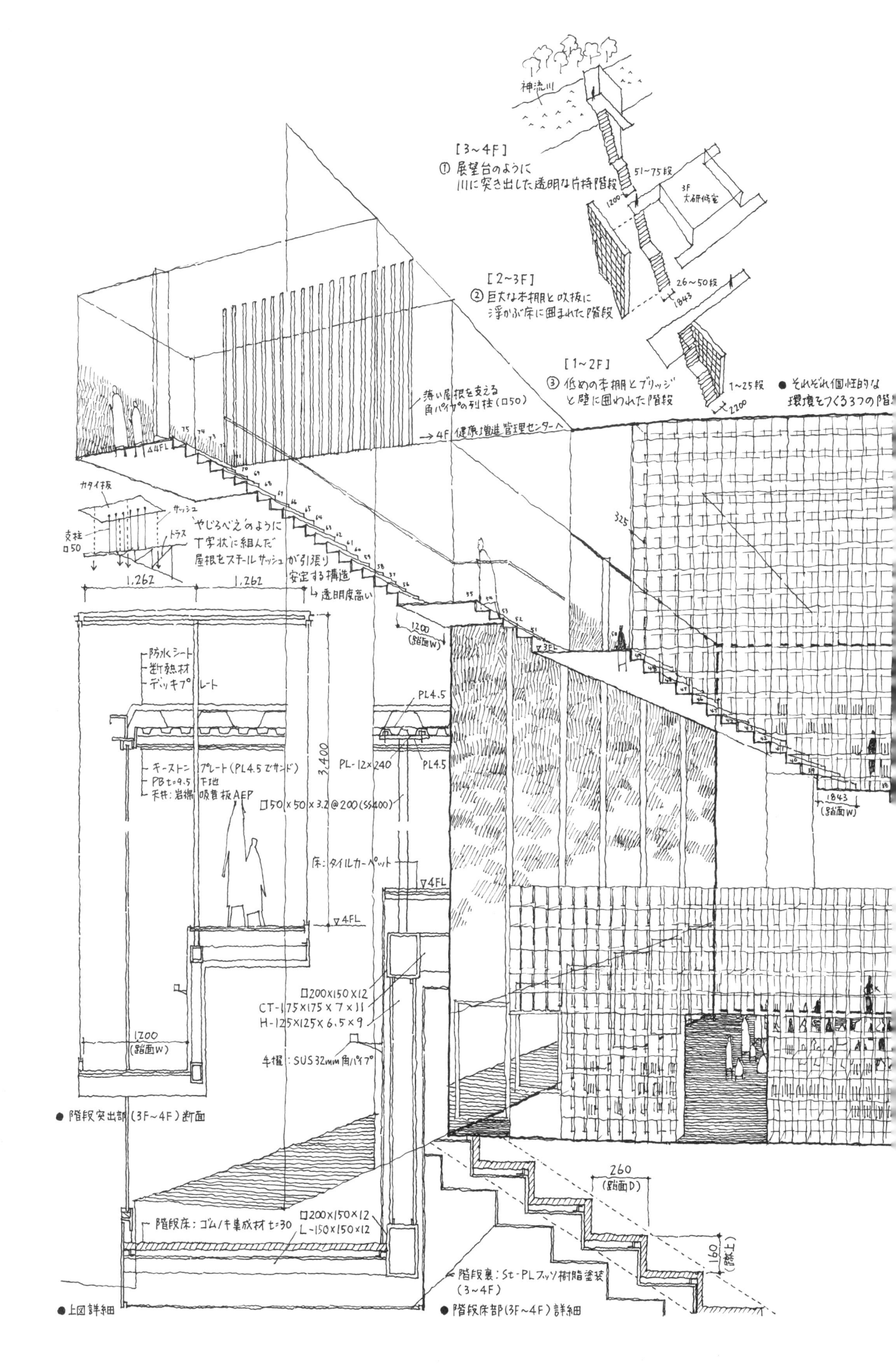

神流川

[3〜4F]
① 展望台のように
川に突き出した透明な片持階段

51〜75段

3F
大研修室

[2〜3F]
② 巨大な本棚と吹抜に
浮かぶ床に囲まれた階段

26〜50段

1843

[1〜2F]
③ 低めの本棚とブリッジ
と壁に囲われた階段

1〜25段

2200

● それぞれ個性的な
環境をつくる3つの階段

薄い屋根を支える
角パイプの列柱 (□50)

→ 4F 健康増進管理センターへ

カタイ下板

サッシュ

支柱
□50

トラス

やじろべえのように
丁字状に組んだ
屋根をスチールサッシュが引張り
安定する構造
└ 透明度高い

325

1.262　　1.262

1200
(階面W)

▽3FL

─防水シート
─断熱材
─デッキプレート

PL4.5

PL-12×240

PL4.5

─キーストーンプレート(PL4.5でサンド)
─PB t=9.5 下地
─天井:岩綿 吸音板AEP

□50×50×3.2@200(SS400)

3.400

床:タイルカーペット

▽4FL

▽4FL

□200×150×12
CT-175×175×7×11
H-125×125×6.5×9

手摺: SUS 32mm角パイプ

1200
(階面W)

1843
(階面W)

● 階段突出部(3F〜4F)断面

─階段床:ゴム/キ集成材 t=30

□200×150×12
L-150×150×12

260
(踏面D)

160
(踏上)

● 上図詳細

← 階段裏:St-PLフッソ樹脂塗装
(3〜4F)

● 階段床部(3F〜4F)詳細

メタコラージュ／ 神流町中里合同庁舎 ［2003年］ 設計：早稲田大学古谷誠章研究室＋NASCA

南方には立処山や神流川といった豊かな自然を望み、北方は国道や既成市街地に面する崖上
の敷地に大きな門形を構え、多様な場所を積層しながら南北をつなぐ複合建築である。その
門形内を斜めに貫くように平面長さ約28m、計75段もの直階段が設けられた。最上階が健康
増進管理センターであることもあり、日常的な"散歩ルート"としている町民も多いと聞く。

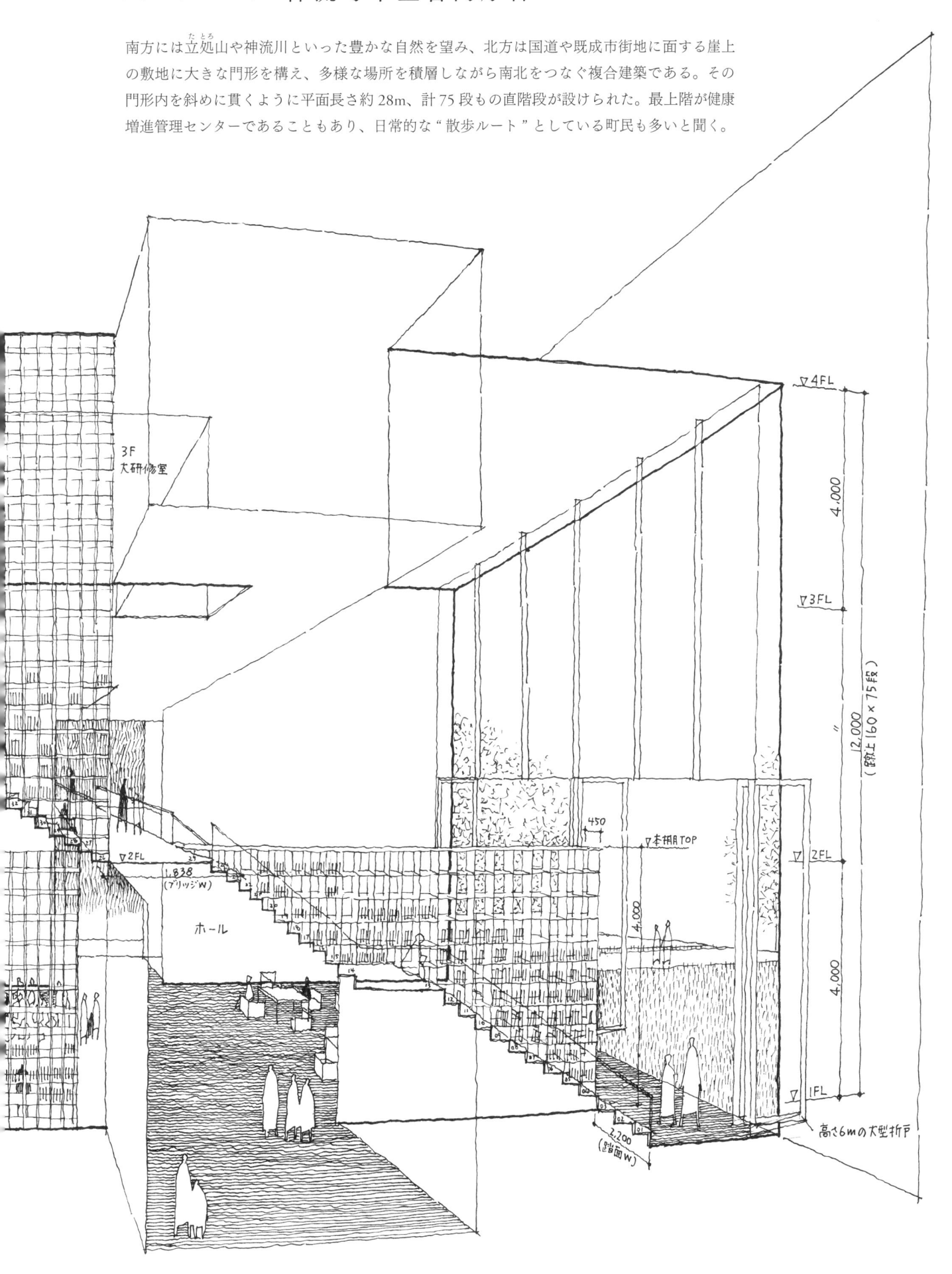

"メタコラージュ階段"と呼ぶことにするが、「神流町(かんなまち)中里合同庁舎」の大階段にはその呼称がふさわしい。

　もともとは村役場として計画され、実施設計の途中で合同庁舎として"コンバージョン"された数奇なプロセスをもつ鉄骨造4階建ての大きなハコは、諸室が門形のように積まれた断面構成をもっており、中央に天井高さが11mある大きな吹抜けホールを包含している。その中に計75段に及ぶ直階段が設けられ、各階の諸機能に接続しつつ最上層では神流川上に突き出している。

　この大階段、蹴上げと踏面寸法こそ一定であるが、階段幅やその位置、そして本棚や窓など周辺要素との関係が層ごとに変化しながら一大坂道を形成。低層部では低い本棚とブリッジに囲われた入隅のような場所、中層部では巨大本棚と吹抜けに浮かぶ研修室に挟まれた峡谷のような隙間、そして高層部ではだんだんと外部に開いていく透明度の高い突出し階段となっている。

　これをスカルパ階段のような逆の見方をすると、階段と他の要素がコラージュされることで高機能化し、低層ではサンクンガーデンのように落ち着いた読書スペースを、中層ではさまざまな本や人に巡り会う出会いの場を、高層では山や川など豊かな自然に近い展望台をつくり出しているのだ。

未来の階段への端緒

　冒頭でコラージュ階段が希少である理由として、その必然性や有用性の欠如について述べた。果たして本当にそうだろうか。

　孤風院では書斎の環境形成や建材のリユースという必然性をもって成立し、旧講堂と馴染みつつ独特の存在感を漂わせている。また中里では中高層複合建築が抱える「何がどこにあるのかわかりにくい」悩みを解決する明快さの必要性に直階段という形式で解答し、さらに直階段連鎖の欠点である冗長さを構成の変化で解決している。必然性に基づく有用性をもったコラージュ階段は存在する。

　古いものを活用し新しい価値を付加するリノベーションやコンバージョンが加速度的に増えていくことはもはや疑いようがない。また多価値社会に対応する多様性をもった建築の必要性がより高まることも必至だ。そのなかで階段空間も新しい考え方に基づき、進化していくことを望まずにはいられない。ブリコラージュ階段やメタコラージュ階段はその端緒であるといってよい。

巨大棚に沿う"峡谷階段"の先には地中のような"サンクン階段"が続く

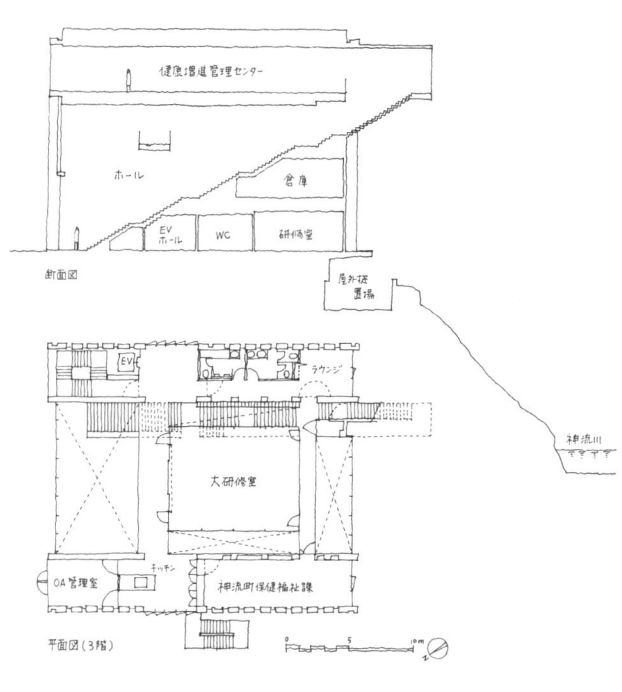

神流町中里合同庁舎(所在:群馬県多野郡神流町)

蟻の巣プロムナード／洞窟プロムナード

蟻の巣プロムナード／ **クルチェット邸** ［1953年］ 設計：ル・コルビュジエ

▽+11,270

2,760

（バス） 寝室

▽+8,630

2,640

可動ルーバー

リビング（吹抜）

2,760

キッチン

ダイニング

▽+5,990

スリットからの光

3,750*

3,990

中庭

ジェーズ
ロング

笠木：木

スロープ勾配
6.3
1

住居入口

彫刻
作品

▽+2,000

▽+460

運転手部屋

2,000

8,500*
（スロープ長さ）

中庭

1,000*

3,750*

▽GL±0

660

▽−660

間口が狭く奥行きが深い、いわゆる鰻の寝床のような短冊状敷地にル・コルビュジエが構想したアルゼンチン版町家ともいうべき都市型住居。大きく診療所と住居による二つのヴォリュームで構成されるが、それらは凹凸の付与や坪庭による分節がなされ、全体的に複雑な三次元的スキマ・ネットワークが構成されている。そこにスロープやアラモの大樹が配置されプロムナードを形成。

屋上見晴台

わずかな
スリットが
開いている

共有
カベ

テラス

ブルーの
窓枠

▽+5,990

2,790

診療所
(Xガシン)

フロストガラス

待合室

780 *

▽+3,350

ピロティ

ガレージ
トビラ

アラモの樹

(スロープな高さ)
1,250

ガレージ
シャッター

ガレージ

スロープなのに
段差アリ

4,250 *

▼入口

南側
敷地境界マデ 17,200

GL ▽±0

寸法* は書籍図面からの実測値

8,400

＊寸法は富永譲『ル・コルビュジエ
建築の詩　12の住宅の空間構成』（鹿
島出版会）を参考にした

建築的プロムナードとは

本書では「建築家は階段を、自らの思想や技術を駆使することにより進化させてきた」とし、その建築家としてアドルフ・ロースやル・コルビュジエを挙げている。これまでさまざまな建築家による実例を採り上げてきたが、ここではその"本丸"の一つ、コルビュジエによる「建築的プロムナード」を主題としてみたい。

そもそも建築的プロムナードとは何か、コルビュジエは言う。「しかし散歩を続けるのだ。庭から上階へ、斜路によって家の屋上へあがり、そこに日光浴場がある。アラビア建築は貴重な教訓を与えてくれる。歩きながら観賞することだ。歩くことで、移動することで、建築のつくられ方が展開していく。これはバロック建築と反対の原理だ。そちらは紙のうえで構想され、理論的な固定点をめぐってつくられる。私はアラブの建築の教訓の方を選びたい。この家の場合、ほんとうに建築的な散歩によって、次々と変わった、予期しない、時に驚くべき姿を呈するのだ。例えば構造的には柱梁の絶対的な規格を持ちながら、そこにこれだけの変化が得られるというのが面白い」（富永譲『ル・コルビュジエ 建築の詩：12の住宅の空間構成』鹿島出版会、2003）

「この家」とは、建築的プロムナードが実現した「サヴォワ邸」のことである。柱梁による合理的な構造システムをもつ白いハコの中に挿入された斜路や階段が、めまぐるしく遷り変わるシーンを生み出し、コルビュジエが近代建築で実現したかった、アラブの建築で感じた散策のたのしみを自身の建築に感じている。そしてこの建築的プロムナードは、後の「クルチェット邸」にてさらなる進化を遂げる。

変幻するスキマをたどる

南米唯一のコルビュジエ建築であるクルチェット邸は、医師のための住居兼診療所である。間口8.4 mで面積170㎡という狭小敷地、形状は細長く台形状の不定形、周辺建物の段状共有壁により三方はクローズされ、中央が隆起する複雑な起伏ありという敷地条件の厳しさだけでも閉口するが、さらに歯科診療所＋住宅による難解なプログラムが課せられている。

そんななか、ドミノシステムをベースにピロティ、屋上庭園、ブリーズソレイユ、そしてスロープという自身の設計主題を余すところなく盛り込みつつも、敷地制約の厳しさなど微塵も感じさせない、シトロアン

ピロティのなかで柱、白い部屋、アラモの樹、門形ゲート等が自律的に散在し、まちのような賑わいをもたらしている

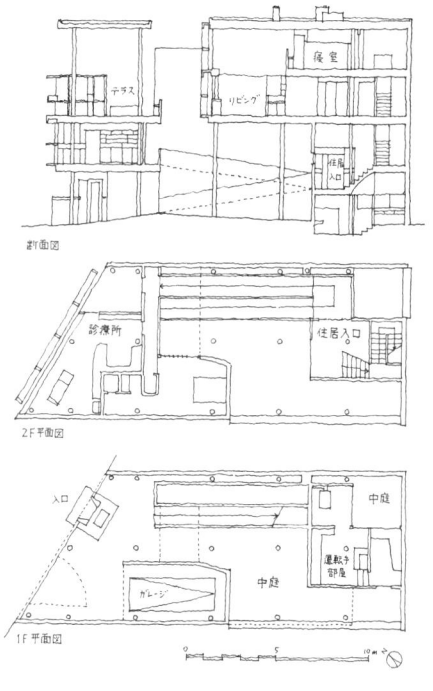

クルチェット邸
（所在：ブエノスアイレス／アルゼンチン）

住宅ばりのスマートさでまとめあげているのはさすがとしか言いようがない。

　緑豊かな公園に面した北側ピロティに自立する門形ゲートをくぐり、目の前のスロープを上る。右手にアラモの大幹と奥へと続く中庭への誘いを感じながら住居入口である踊り場へと到達。眼前に隣家との間にできた坪庭に反映する陽光を鑑賞。そして折り返しスロープを進むとやがてアラモの樹と再会するが、今度は幹でなく大きな枝張りの傘をくぐる感じで診療所の待合へ。

　また住居玄関から階段を上り、吹抜けのリビングを経て公園を望むテラスへ。ここでは樹幹越しに中庭やスロープを見下ろすことができる。

　まるで"蟻の巣"の図と地が反転したかのような空間構成。浮遊し散在するカタマリの間に展開するオープンエンドなスキマを縫うようにたどり、そのスキマでフレーミングされた風景が歩みとともに変幻する。それに時々刻々と変化する南米特有の光と影、風と臭いが掛け合わされ、プロムナードの移ろいは限りなく多様化する。

　四方が開けたヴィラであるサヴォワ邸に対し、クルチェット邸は市街地に象嵌されており景観要素が乏し

い。そのような環境でも豊穣なシークエンスを獲得しているという点において、このプロムナードのほうが汎用性や展開性があり、進化しているのではないかと思えるのである。

風景のキリトリに浸る

　コルビュジエによるプロムナードがスキマのなかを縫うような三次元性をもっているのに対し、二次元的な壁と窓によりできた洞窟空間にもかかわらず、予期せぬシークエンスをつくりだしている建築がある。前者が西欧都市の街路空間だとするならば、後者は日本の借景建築とでもいうべきか。

　それは小国杉が有名な熊本県小国町にある「旧小国町立西里小学校」の階段空間である。この小学校は高さ13mの多面体ドームを中心に、独立した教室群が不規則でありつつも放射状に寄り添っているような配置計画をもつ。多目的ホールである木造ジオデシックドームに身を置くと、木島安史による「山村の子どもたちに、自分たちが宇宙の中心だと感じてほしい」という願いが理解できる。万人が共有する世界の中心、宇宙の中心などなく、それは自分たちひとりひとりに

土星の輪ではきっとこんなシークエンスが得られるのだろうと思いながら描いた、西里小階段の野帳スケッチ

洞窟プロムナード／ 旧小国町立西里小学校 [1991年]
設計：木島安史 + 計画・環境建築

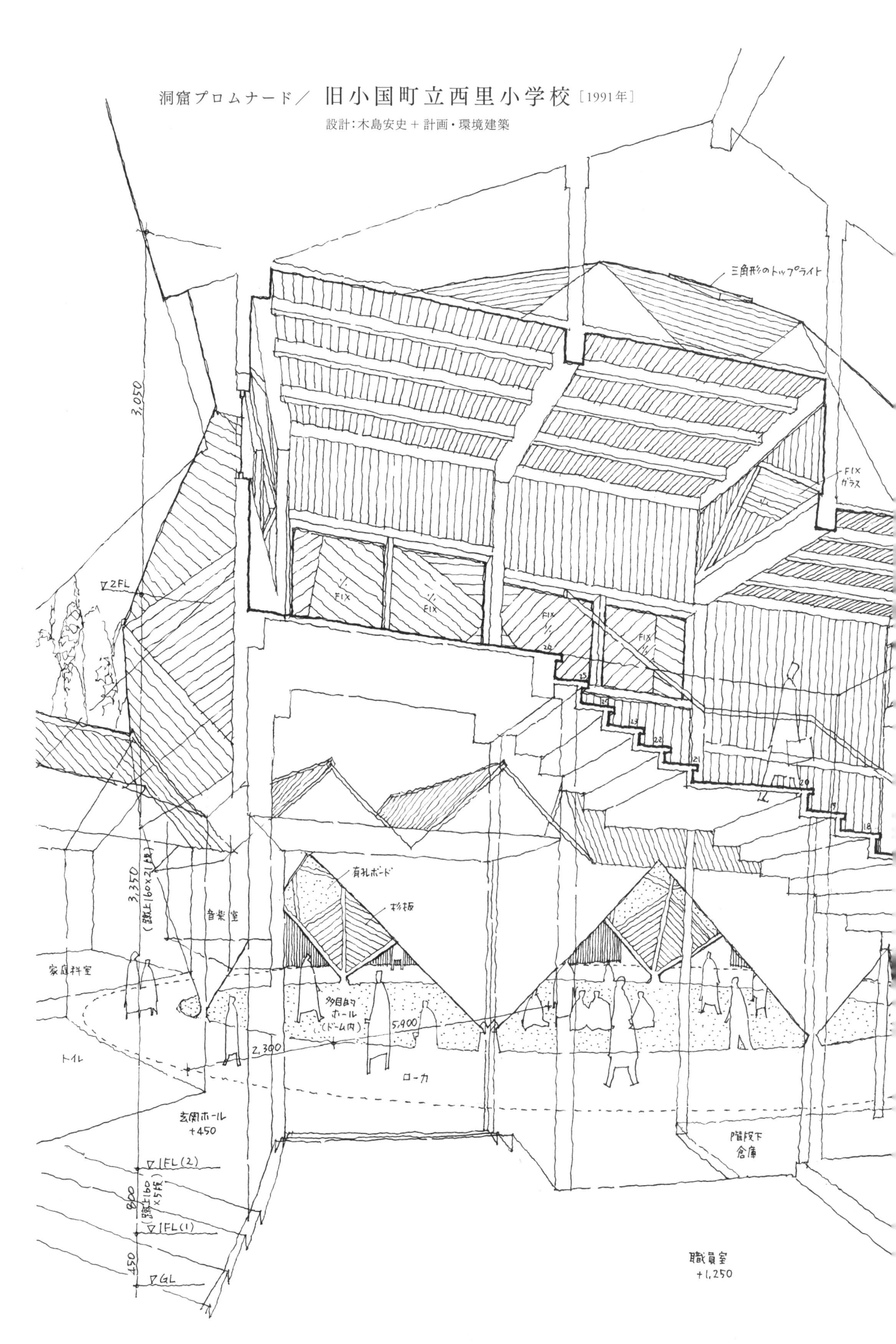

三角形のトップライト

FIX
ガラス

▽2FL

3,050

FIX

FIX

FIX

FIX

（踏上 160×21段）
3,350

有礼ボード

杉板

音楽室

家庭科室

多目的
ホール
（ドーム内）

5,900

トイレ

2,300

ローカ

玄関ホール
+450

階段下
倉庫

▽1FL(2)

800
（踏上160×5段）

▽1FL(1)

450

▽GL

職員室
+1,250

高さ13mの木造ジオデシックドームを中心に、集落のように切妻校舎群が配置された小学校建築。軸組から仕上げまでほとんどの部材に木材を用いると、木調が過剰になり野暮ったい雰囲気になることが多いが、この小学校は全体の骨格から部分に至るまで適所に幾何学を用いることで、キリッとした緊張感と地場材による柔らかさが共存している。

FIX
ガラス

FIX
ガラス

又生スリH

FIX

FIX

850

1,800

カーペット
(ニードルパンチ)

15

14

13

12

11

10

09

0

07

06

05

03 04

05

1,400
(階段有効巾)

+1,090

保健室
+1250

ミゾ

当て木

260（踏面）

側桁

27

110

191
(蹴上)

ノンスリップ
（彫込）

保健室タタミ
11,150

くさび材

（断面）

● 階段詳細

あるということを。

　そんな宇宙の中心を取り巻く惑星、あるいは広場を囲む集落のように切妻校舎が配置されているが、そのなかでひと際大きい地下1階地上2階建ての職員室棟にその階段空間はある。ドームを取り巻く廊下からL字状に折れ2階の校長室、教材室へ上っていく際には何てことはない普通の階段だと思っていたのだが、下りる際に意外な風景が展開する。これはコルビュジエとは異質の建築的プロムナードだ。

　基本的には踊り場をもつ直階段なのであるが、ノコギリ状の断面構成をもっていることで、そのギザギザの欄間部分に設けられたフィックス窓から"集落"の屋根瓦や杉林が切り取られる。それがエスカレータの壁面広告よろしく頭上を通り過ぎていくのだ。同じ対象物が切り取られているのに前後の距離が生まれていることで虚像化し、風景がより壁紙のように感じられる。これが単なる借景とは異なるポイントだ。さらには左手の水平連続窓では"宇宙の中心"が部分的に切り取られ、それは移動してもついてくる太陽の如くしばらくつきまとうので、欄間の虚像感がより強調される。

　小学生用の緩やかな階段空間で、抽象化された周辺環境との意外な出合いをたのしみながら散策すること

ができる、洞窟プロムナードなのである。

建築的プロムナードの未来

　二つのプロムナードは一方は立体的、他方は平面的という違いこそあるが、バロック建築と正反対のものとしてアラブの建築を教訓と捉えたコルビュジエと、日本ではなく世界に目を向けよとコスモポリタニズム（世界主義）を掲げた木島安史、それぞれの考え方や姿勢に共通点を見出せるのが興味深い。

　さらに木島に至っては、コスモポリタニズムを掲げながらも地場の小国杉をふんだんに使い、はたまた日本的な借景を取り入れることで、世界と日本、それぞれの良さを相対的に強調する効果を得ているように思われる。それはコルビュジエがドミノシステムのなかに、ローマともギリシャとも受け取ることができるモチーフをちりばめることと類似しているのかもしれない。

　異なる文化や考え方を取り入れ、その矛盾を抱えながらもそれらをひっくるめて大きく包み込んでしまうような階段空間。この考え方は未来のプロムナードを模索するうえでのヒントを与えてくれている。

大きな借景と小さな借景を両立する、横連窓と欄間小窓による独創的な構成

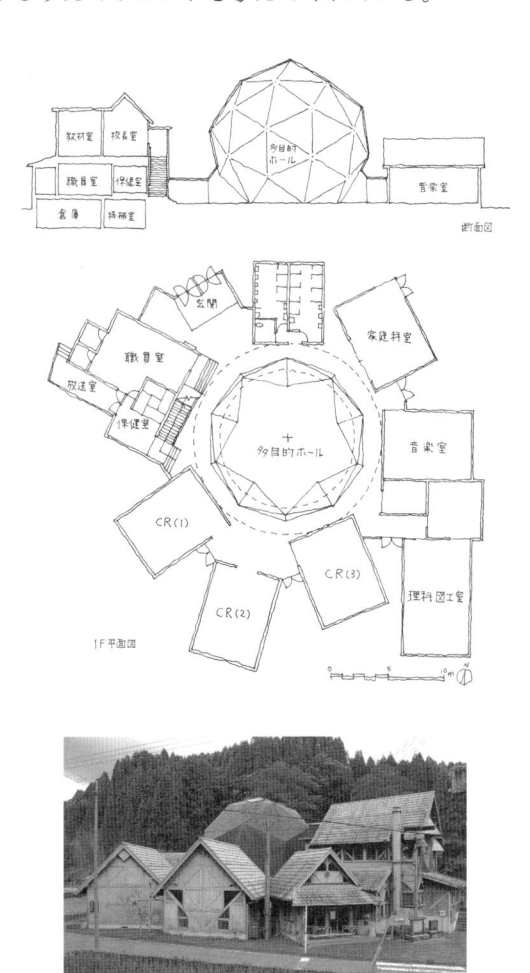

旧小国町立西里小学校（所在：熊本県阿蘇郡小国町／2009年に廃校）

微分する階段／積分する階段

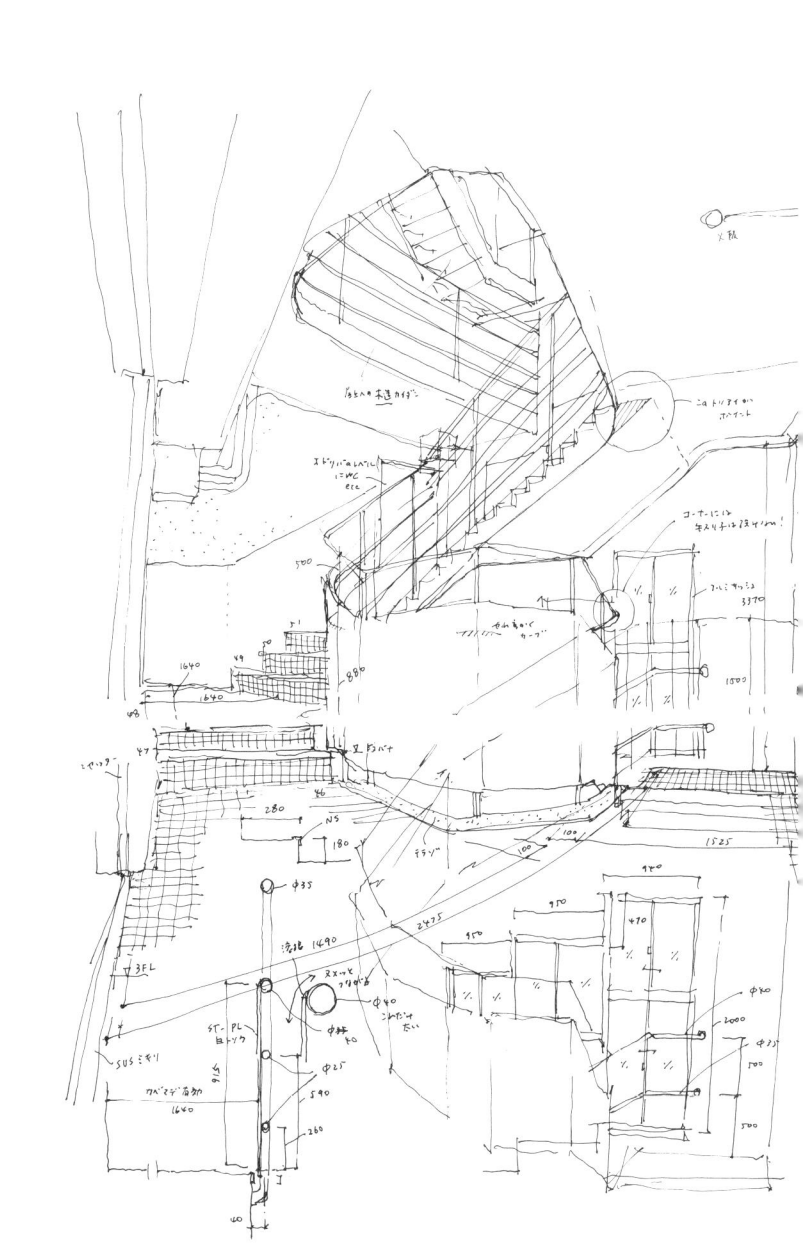

微分する階段／ メゾン・カレ [1959年]　設計：アルヴァ・アアルト

かのマルセル・デュシャンやジョアン・ミロも招かれたという、優雅なアート・ライフスタイルと
アルヴァ・アアルトのネイチャー・デザインが融合した、アートハウスとでも呼ぶべき独特のビル
ディングタイプ。多くの家具や照明もアアルトのデザイン。なおこのスケッチでは、天井と床により
形成された空間の雰囲気をより伝えるために、高さ方向のスケールを少し増幅して描いている。

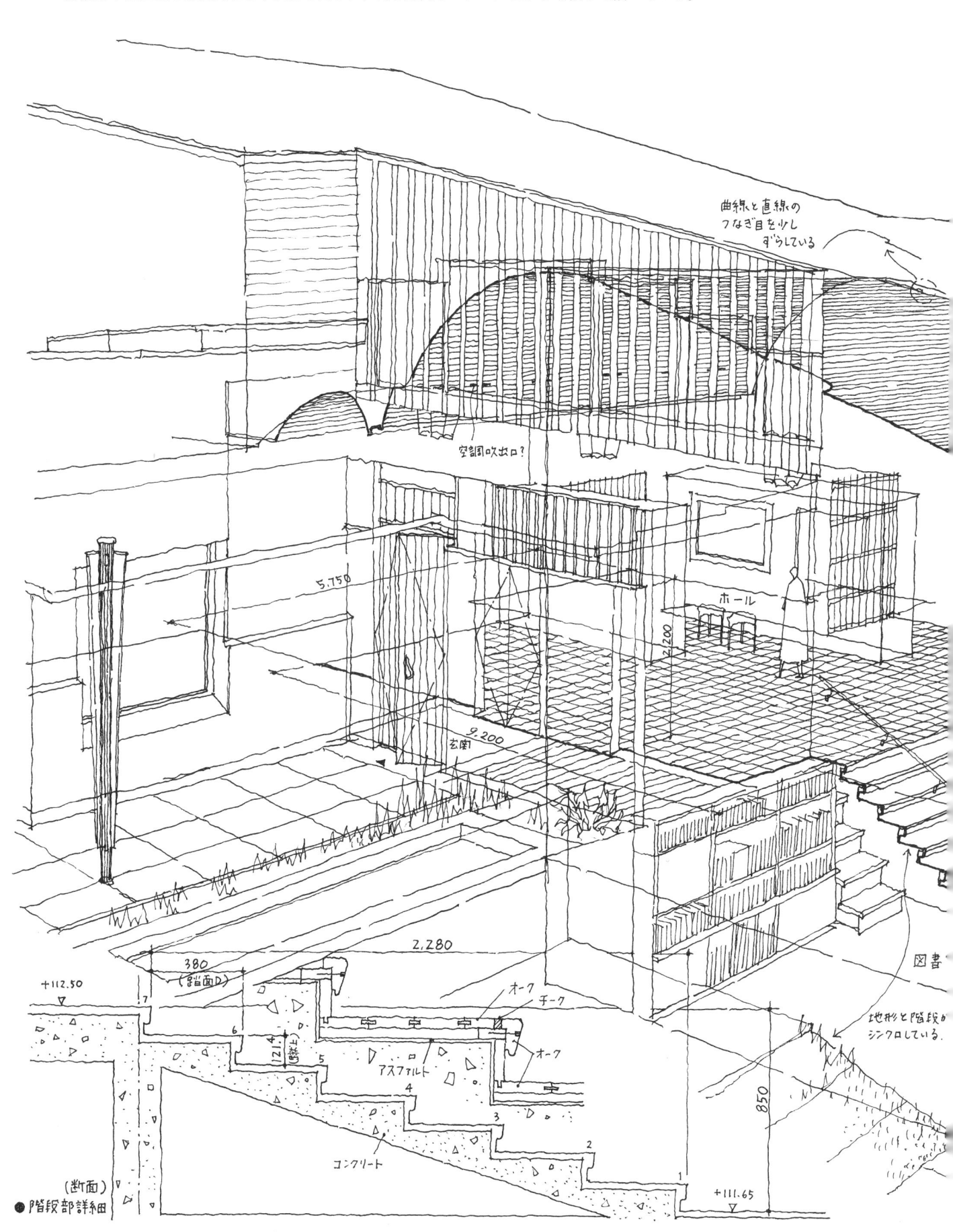

サロン

微分・積分

「微分・積分」と聞いただけで頭が痛くなる人も多いかと思う。高校数学のトラウマを引きずっている筆者のような輩が多い反面、調べてみると不思議なことに「たまらなく面白い」という奇特人も結構多く、実に奥深い分野らしいのである。

かのライプニッツやニュートンが確立したものなら面白いに違いない、ということでもう少し調べてみると「微分は傾き、積分は面積」という表現に多く出会う。しかしこれではイマイチ惹かれず再度挫折しかかった矢先、このような解説に遭遇。

「微分法とは微かな物に分ける法を意味し、全体から瞬間を取り出す技術のこと」。つまり「複雑な曲線を、単純な直線に分解する方法」であり、曲線を直線の集まりと考える学問なのであるが、この「全体から瞬間を取り出す技術」という言回しにグッとくる。長い時間をかけて変化するモノの、ある瞬間を捕まえて傾向や特徴を分析できるようになったのは、この微分法研究の賜物であり、天気予報や風向きの変化予測はその成果だそうである。

そして微分法の逆として有名な「積分法」は、「瞬間から全体をつくりだす技術」のこと。これもまたスゴイ方法らしく「いまこの瞬間の様子」を見ただけで、「これまでの全体の動き」や「これから先の全体の動き」まで知ることができてしまうものらしい。こんな有用なものだと知っていたらもっと勉強しておくべきであったと今さらながら反省（参考：山崎直和「数学まるかじり」『中・高校教師用ニュースマガジン』第1919号、2008）。

自然を微分する

全体を瞬間に分解しその傾向を知るのが微分。そして瞬間を分析することで全体を知るのが積分。全体と部分の関係は、建築や空間デザインの守備範囲ではないかということで、たしか全体を分解したような建築があったなと記憶の建築にサーチをかけてみると、ありました。そう、アルヴァ・アアルトの「メゾン・カレ」。

意外にもフランス唯一のアアルト建築であるメゾン・カレは、コレクターでギャラリストのルイ・カレが、晩年に妻のオルガとパリ郊外でゆっくりと過ごすために建てた、ギャラリー兼住宅である。もともとは旧知のル・コルビュジエに依頼しようとしていたが、コン

ギャラリー・ウォールでもあった白い壁面には数々の絵画が掛けられ、緩やかな階段付近ではさまざまな視点から絵画を鑑賞できたであろう

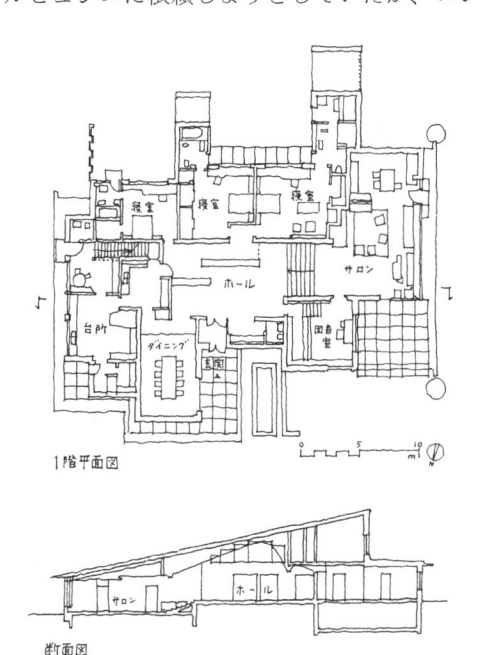

１階平面図

断面図

メゾン・カレ（所在：バゾッシュ／フランス）

クリートを好まなかったカレは、友人から噂を聞きアアルトに手紙を書いたとのこと。

　小高い丘の傾斜をトレースするかのように、長さ25mにも及ぶ大きな片流れ屋根が印象的な全体。そのシンプルなシルエットとは対照的に平面構成は複雑で、L字状に曲がったホールからサロンの空間を幹として、大小さまざまな部屋が枝状にまとわりついたような様相を呈している。言い換えると複雑な平面を立ち上げ、まるで魚を3枚に下ろす手つきで丘と平行にスパッと切断し、大屋根で蓋をしたような格好である。

　ただ、単純に大屋根で蓋を被せたような断面としないところがさすがアアルトである。実際断面が3枚の板で構成されているのであるが、そのフロア、天井、屋根がそれぞれ異なる形状をしている。まず最上層の屋根面は丘の起伏を大きくなぞるように直線。最下層の床面は地形をコンター模型のように微細に再現する階段状の凹凸線。そして中間層の天井面は、地形の隆起を増幅しつつ光そして風を流し込むような優美な曲線の集合体。

　この3枚の板、つまり断面的には3本の線が、微分

の関係にあるような気がしてならないのである。丘のシルエット、地形、光、風といった自然環境なる全体を分解そして抽象化し、それぞれの特徴を可視化している様は「微分」の関係ということができよう。そのなかで緩やかな大階段が象徴的な存在として中央に配置されている。

木を見て森を知る

　さて、微分は全体を分解し抽象化するものなので比較的イメージしやすかったが、問題は積分である。積分の建築そして階段とはどのようなものか。瞬間を見て全体を知るということは、一を聞いて十を知る、あるいは「木を見て森を見ず」ならぬ「木を見て森を知る」ということだろうか。

　山田守による「旧熊本貯金支局（現熊本市役所花畑町別館）」はDOCOMOMO Japanの「日本におけるモダン・ムーブメントの建築」にも選定された逓信建築の傑作といわれているが、山田が欧米視察により近代合理主義の影響を受け、機能主義に基づいて設計し

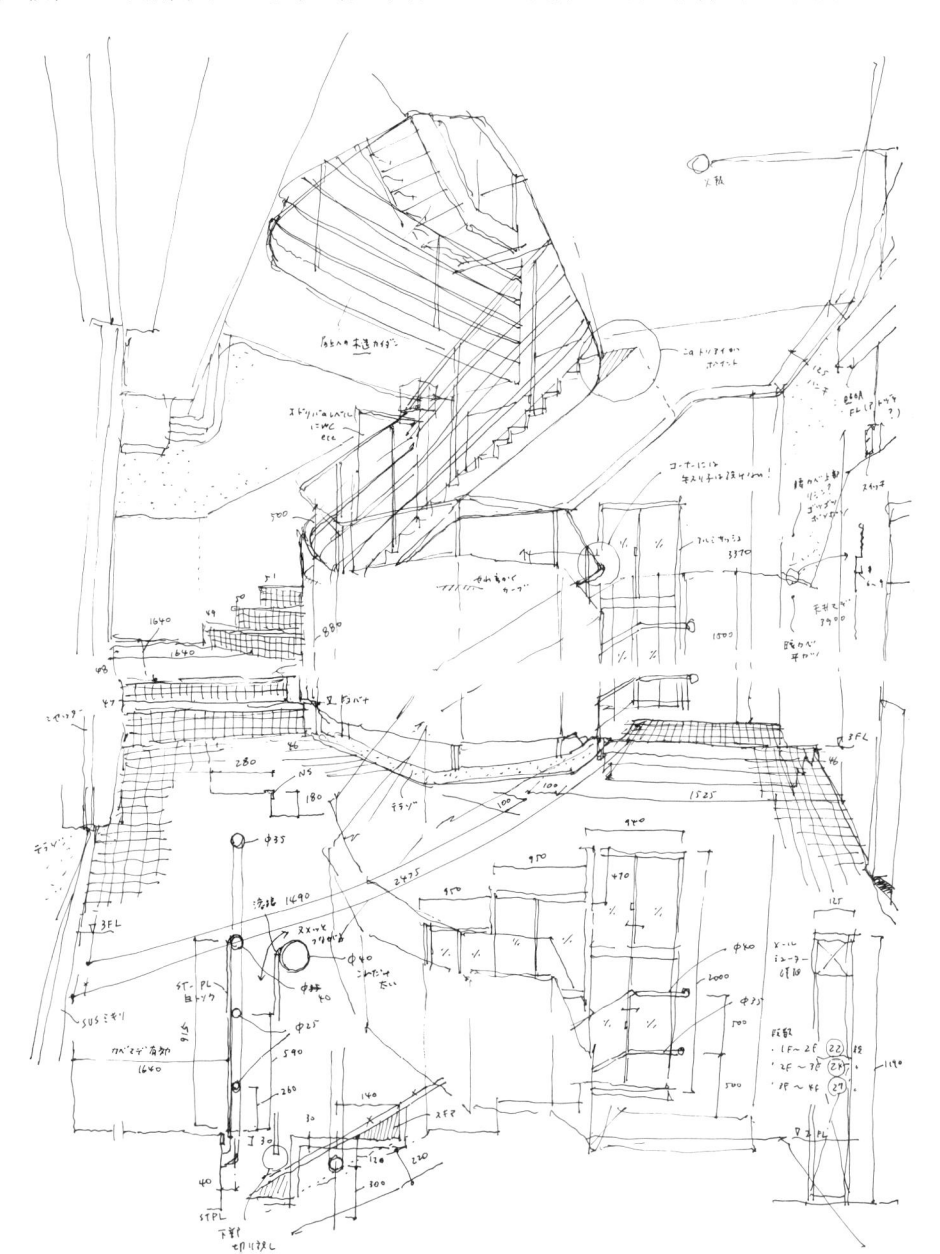

旧熊本貯金支局の
階段を実測し描い
た野帳スケッチ

積分する階段／ 旧熊本貯金支局（現熊本市役所花畑町別館）［1936年］ 設計：山田守

山田守による一連の逓信建築は白い箱を基調としながら連続する曲線庇、スロープ、有機的なキャノピー等が定番であるが、ここではこげ茶色の有田焼タイルで外装され、各階の庇もなく異彩を呈している。これは熊本城への景観の配慮と、中心市街地での象徴性を考慮したものではないかと考えられている。80年も前から地域性とモダニズムの融合が図られていたのだ。

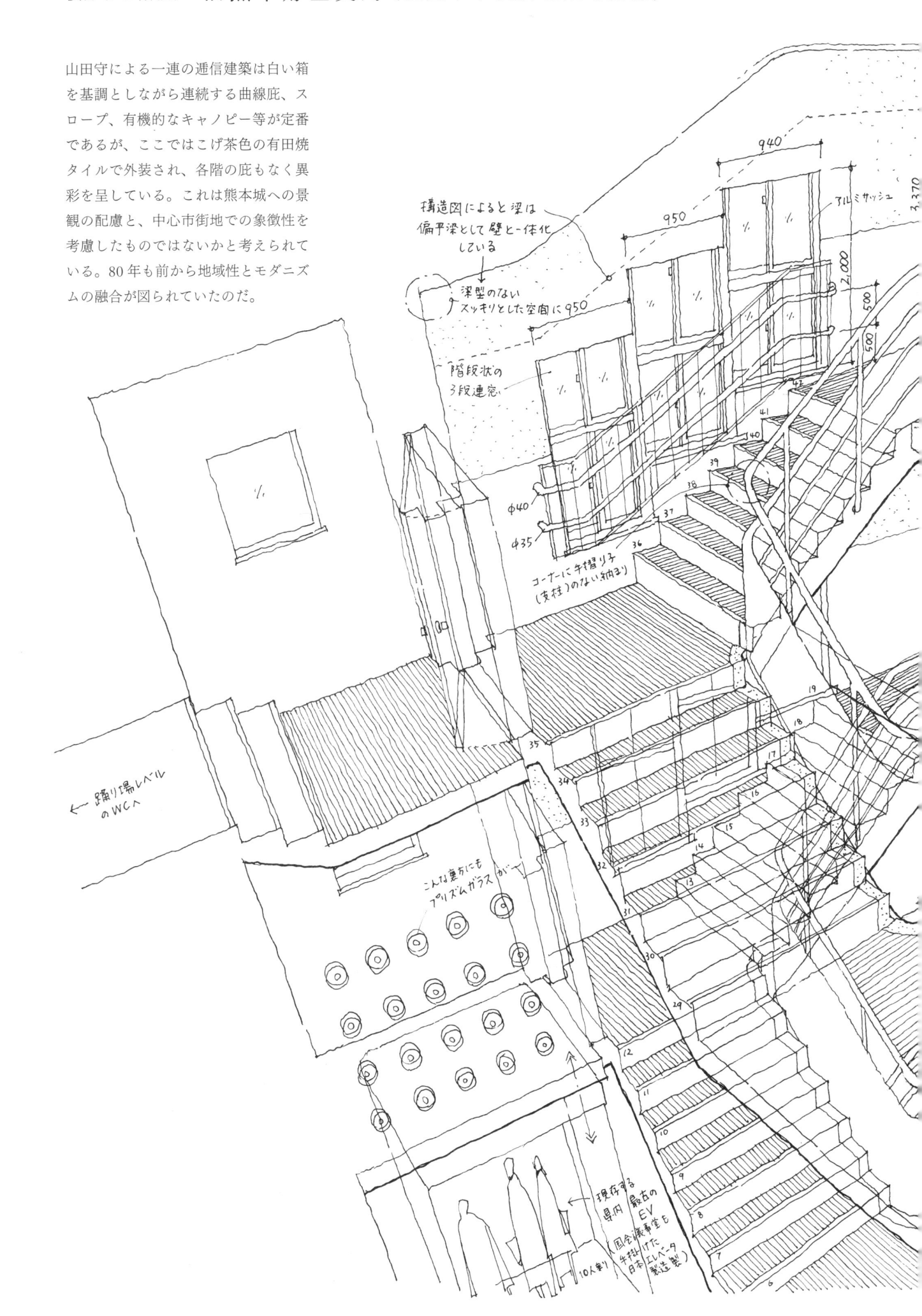

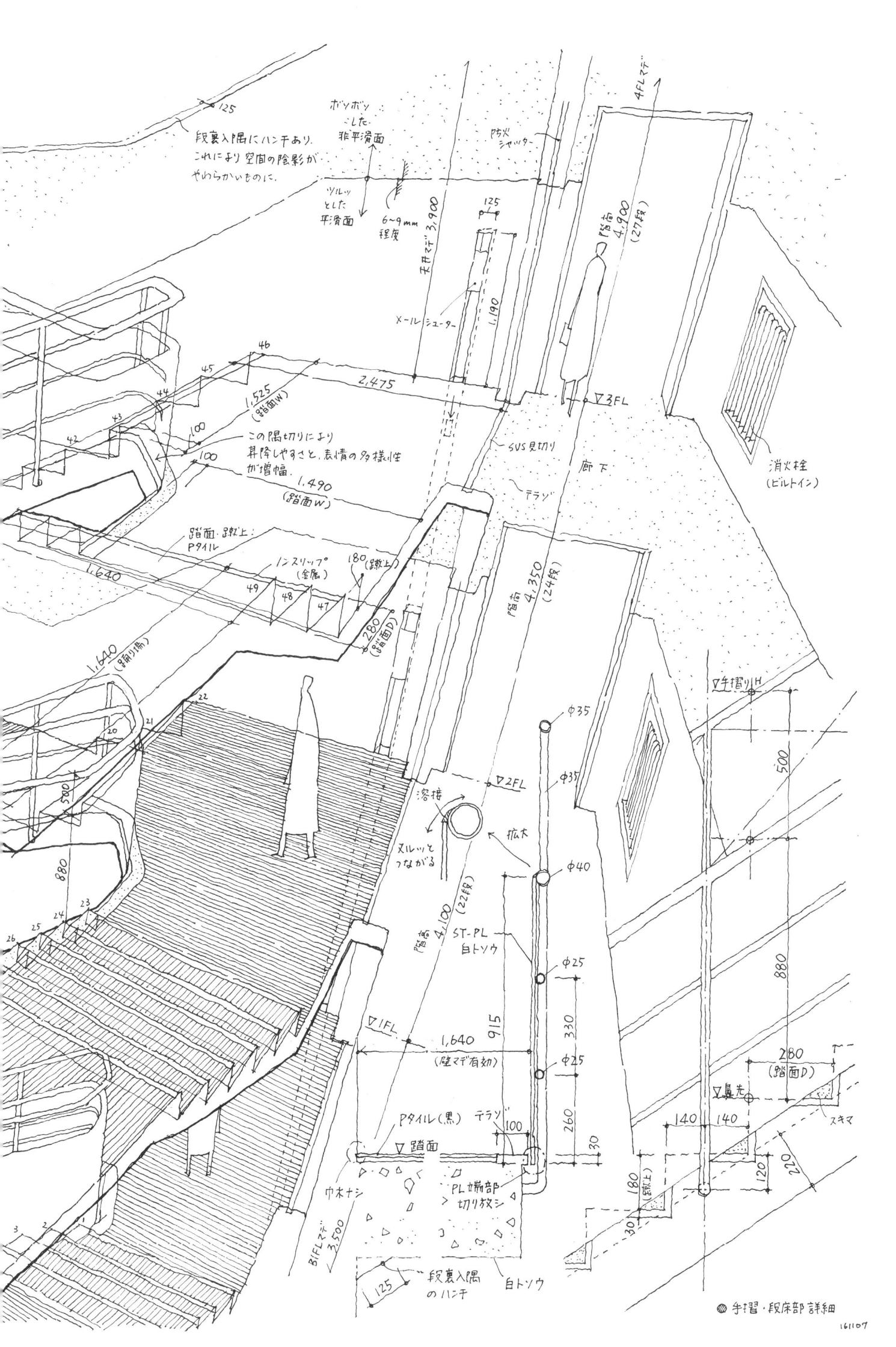

段裏入隅にハンチあり.
これにより空間の陰影が
やわらかいものに.

ボツボツした非平滑面

ツルッとした平滑面

6～9mm程度

天井マデ 3,900

125

メールシューター

防火シャッター

階高 4,900
(27段)

4FLマデ

消火栓
(ビルトイン)

125

1,190

▽3FL

SUS見切り

廊下

テラゾ

この隅切りにより
昇降しやすさと、表情の多様性
が増幅.

1,525
(踏面W)

2,475

1,490
(踏面W)

46
45
44
43
42

100

100

踏面・蹴上
Pタイル

ノンスリップ
(金属)

180(蹴上)

階高 4,350
(24段)

1,640

49
48
47

280
(踏面D)

1,640
(踊り場)

500

22
21
20

溶接

ヌルッとつながる

▽2FL

拡大

φ35

φ35

▽手摺りH

500

880

階高 4,100
(22段)

φ40

ST-PL
白トソウ

880

φ25

25
24
23

26

▽1FL

1,640
(壁マデ有効)

915

330

φ25

280
(踏面D)

Pタイル(黒) テラゾ

▽踏面

100

260

30

140   140

180(蹴上)

▽鼻先

120

220

30

3
2

中木ナシ

B1FLマデ 3,500

125

段裏入隅のハンチ

白トソウ

PL端部
切り放シ

スキマ

⑩ 手摺・段床部 詳細

161107

た建物としてよく知られている。この機能性の追究は、動線をL字形の屈曲部にまとめた配置や、十分な階高の設定、大きな窓による明るい事務室の採光だけでなく、中央暖房の導入、換気システムと意匠の統合、垂直動線として導入した熊本で現存最古のエレベータ、事務室と原簿室を結ぶベルトコンベア、上下階を結ぶメールシュータなど、当時最先端の設備の導入にも現れている。

また構造は、柱と梁を格子状に組んだ合理的な構造システムとして考えられ、現代のラーメン構造にほぼ近い構造になっており、ここでも近代建築としての合理性の追究が見られる。

ややともすると合理性や機能性により、建物が機械のように冷徹で非人間的な空間となってしまいがちなところ、山田は外部や内部の随所に丸みを用いた柔らかな意匠を施している。角丸の出隅部、1階玄関付近の大きなカーブを描いた詰所のガラス壁、キャノピーやエレベータ付近に象嵌された丸いプリズムガラスなど、重厚なコンクリートを和らげるデザインは他作と同様に山田の真骨頂だ。

極めつきは階段空間にある。梁を縦長の扁平断面として壁と一体化する努力をしてまでシンプルな、壁式構造のような階段シャフトにこだわり、同様に梁型のない矩形らせん階段が巻き上がっている。吹抜けに面した鋼製の手摺壁がこの建築のクライマックスだろ

う。安価なパイプとプレートを巧みに組み合わせることにより、コンクリートの躯体と対照的な軽快さと自由さを感じさせつつも、空間と一体化した絶妙なコンポジションを獲得している。

この階段空間が積分の空間である。この熟考された意匠や空間を眺めていると、建築全体の姿や理念が感じられてくる。まさに森が見え隠れしている。

可逆の純粋性

よく階段は建築家の理念や手法の縮図といわれる。階段を見て建築全体を知ることができるのは、何も山田守の建築だけではなく、ほかにも例があるだろう。しかしこの建築に注目するのはその凝縮性が極めて高く、部分と全体との連続性における純粋さを強く感じるからである。

メゾン・カレも同様である。自然を抽象化し、形態・素材・ディテールに還元するなかで、その解釈や変換技術の高さはあえてここでいうまでもない。ことアアルトにおいても、部分を見れば全体を感じるという可逆の関係は成立している。階段を昇降する際、地形を感じ、光や風の流れに包まれ、大きな丘や空の存在に思いを馳せるだろう。

数学上、微分と積分の関係が「互いに逆」とされていることに、あらためて納得させられてしまうのであった。

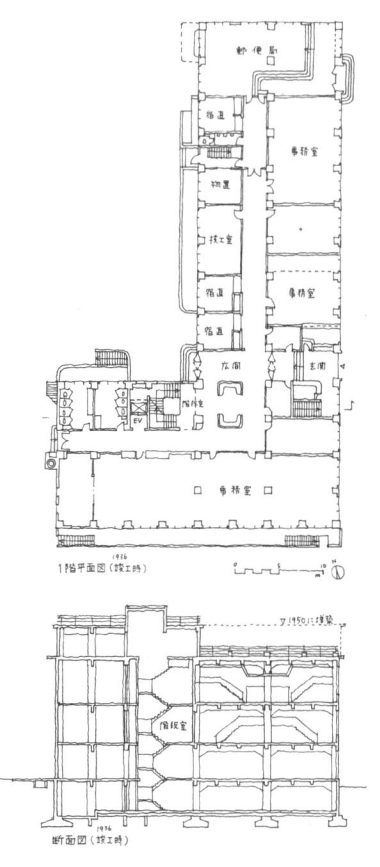

旧熊本貯金支局（所在：熊本県熊本市）

全体的には直線による階段だが、効果的に曲線が付加されている

階段の孵化／孵化の階段

階段の孵化／ ミュラー邸 ［1930年］ 設計：アドルフ・ロース

アドルフ・ロースのラウムプランは、その全体性を示すためにアイソメやスケルトン模型等で表
現されることが多いが、視点が俯瞰的であるために本質的ではない。したがってここでは、三次
元的に分節され積層された空間が相互に関係し合う "シンメトリーの迷宮" を、アイレベルから
シークエンシャルに表現することを試みた。

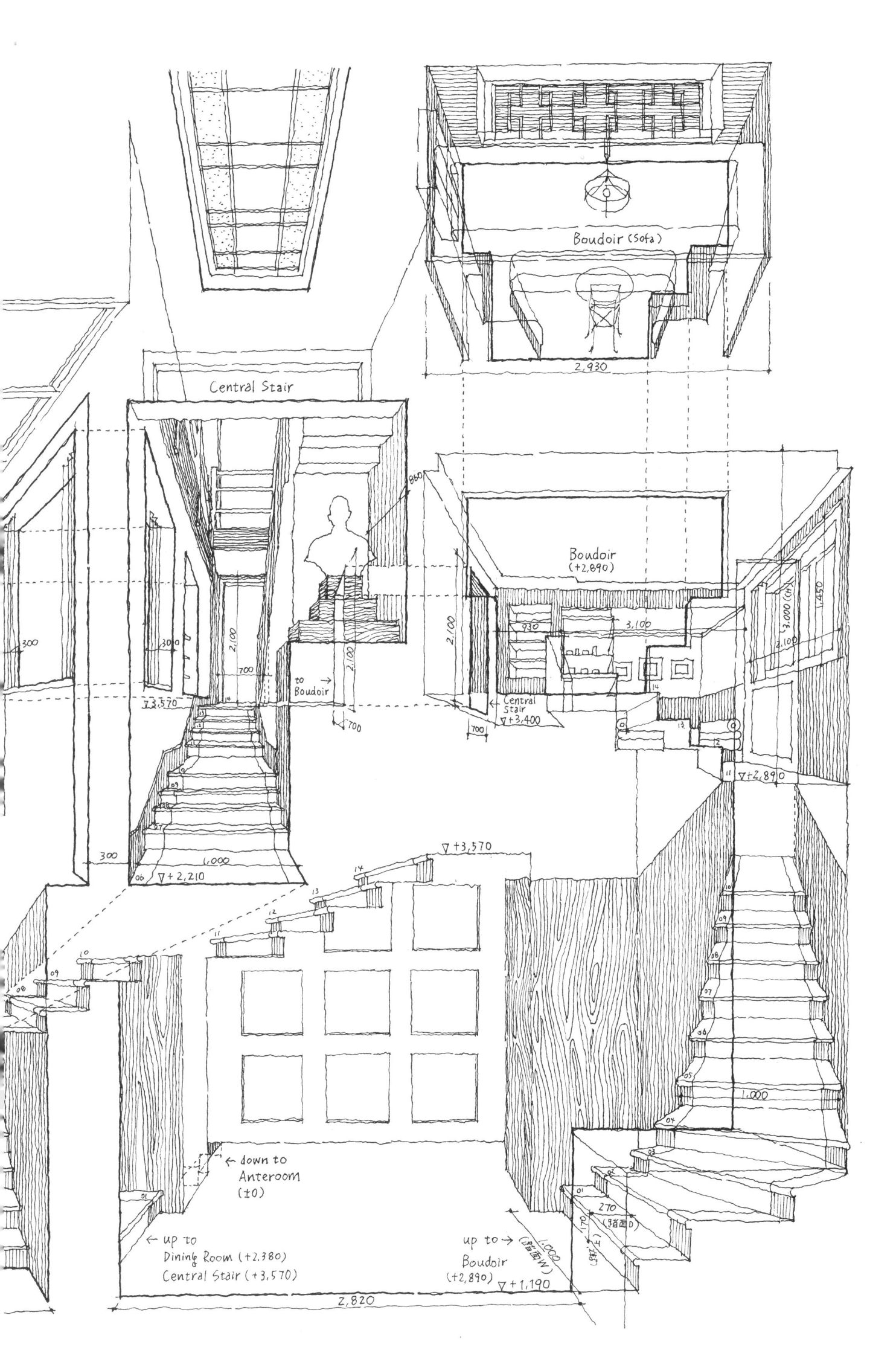

Boudoir (Sofa)

2,930

Central Stair

860

Boudoir
(+2,890)

930   3,100

to →
Boudoir

Central
Stair
▽+3,400

700

700

▽3,570

300

▽+2,890

300

2,100

700

2,100

2,100

▽+3,570

▽+2,210

06   ▽+2,210

300   1,000

14

13

12

11

10

09

08

1,000

270
(踏面 D)

← down to
Anteroom
(±0)

01

← up to
Dining Room (+2,380)
Central Stair (+3,570)

up to →
Boudoir
(+2,890) ▽+1,190

2,820

ラウムプランとは

「ラウムプラン」のことを考えるたびに、授業で「みかん箱にモノを詰めるような設計をしてはイケナイ」と酷評された、とある学生の設計を思い出す。建物の輪郭ありきで設計を始め、必要諸室を端から並べるようなプランニングをしたがために、廊下ともホールとも呼べないようなイビツな余白が多々生まれてしまったのだ。確かに大きな箱に、不用意に多種多様な小箱を詰めていくと、隙間だらけで効率的に収納することはできない。

ラウムとはドイツ語で「空間」や「部屋」という意味であることから、ラウムプランは空間設計法ともいわれる設計理念である。従来の、平面を主体としそれに高さを与えていくような二次元を基本とした設計手法ではなく、三次元の中でヴォリュームとして建築を構想することをアドルフ・ロースが構想し、後に弟子たちがそれに呼称を与えたと聞く。ロースは、それまで建築家がトイレを設計するときでもホールと同じ天井高でつくることが当然と考えられてきたことに疑問を呈し、平面を分割するのと同様に、断面方向でも必要に応じて領域を分割し、有限空間を有効に活用する方法を提示したのである。

酷評された彼も、ロースも、三次元を前提に設計しようとする姿勢は同じであるが、片やみかん箱の上口から箱詰めを行うような"上から目線"であるのに対して、ロースの眼差しは空間の中に入っており、内側から構想している点が大きく異なる。自著にて「本物の建築は二次元の図面上に描かれたものでは、たいした印象を与えないものである」(アドルフ・ロース『装飾と犯罪』伊藤哲夫訳、中央公論美術出版、2011) と述べたように、現場で、身体感覚を研ぎ澄ましながら三次元的に構想した立体的に連続する空間は、図面や写真といった媒体では伝達することができないものであり、これが誇らしいとしている。

階段が生まれる過程

そのラウムプランの到達点といわれる住宅が「ミュラー邸」である。友人である企業家ファンチシェク・ミュラーの3人家族のために設計された、チェコはプラハの丘陵地に建つ大邸宅。

「建物は外に向かっては沈黙を守り、これに対して内部においては豊饒な世界が展開するようにしたい」(前掲書) とロースが言うように、まず外観は無表情である。窓枠こそ鮮やかな黄色が施され控えめな個性

大中小の三つのスケールによる「無数の階段」が戯れる

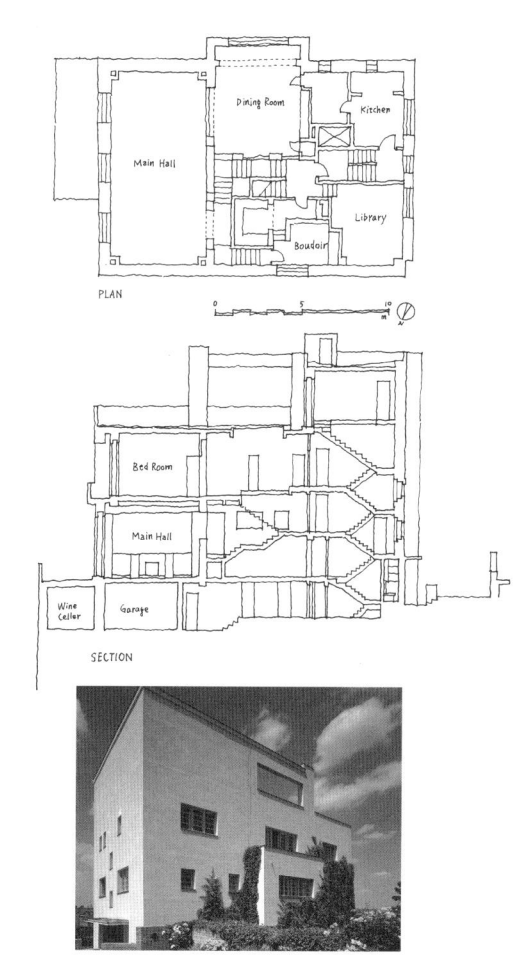

ミュラー邸 (所在：プラハ／チェコ)

が感じられるが、全体的にはソリッドで無装飾な白い箱。その一方で内部空間はロースが平面では伝わらないと言うように複雑で装飾的である。概して言えば地下1階、地上3階＋塔屋階といった断面構成であるが、そのなかで幾多の空間が層をまたぐように配され、充填されている。さらにそれらの部屋を無数の階段がつなぎ、入口からたどると一筆書きが可能な連続的"蟻の巣"空間が展開している。それぞれの空間には用途に応じて必要な高さが与えられ、さらに壁面は家具や装飾とともにシンメトリーな構成をもち、安定的な設えがもたらされている。それにより立体的回遊性によるダイナミズムと、完結性をもった個別空間によるスタティックさが両立するという、「シンメトリーの迷宮」とも称される矛盾に満ちた世界が内在しているのだ。

ここで注目すべきは三つのレベルで構成される"無数の階段"である。酷評された彼の設計とは異なり器用に詰められたテトリス状態の中で、まず部屋スケールでの大きな段差があり、これが一つめのレベル。そして床と床をつなぐ身体的な階段が三つめのレベル。そして部屋同士の境界壁にはさまざまな開口や腰壁が設けられており、そのギザギザの形態に階段以上スキップフロア未満の不思議なスケールが与えられてい

る。これが1と3をつなぐ二つめのレベル。一筆書きの立体回廊を巡る過程でこれらが折り重なることで階段が増幅し、まるで家全体が階段空間のようにも感じられる。見方を変えると大きな細胞が分裂し、階段が孵化する過程のような"時間"の表現として捉えることも可能だ。

未分化の建築

藤本壮介は以前より、機能分化されすぎた現代建築に違和感を覚え、それが分化する以前の状態、つまり未分化の状態まで戻すことで、もう一度自由な状態に戻そうとするプロジェクトを繰り返し提示している。たとえば「Primitive Future House」（2001）や「Atelier in Hokkaido」（2005）では、建築の床や壁、机や階段といった要素に分化する以前の原初的な状態に戻し、身体がその機能や使い方を発見していくような状態を建築化。それらを経て2008年に熊本の球磨川沿いに実作として完成した「final wooden house」はその究極型に到達したといってよいだろう。"final"と銘打ったのもおそらくそういった意味からに違いない。

平面は約4m四方、わずか5坪強において小グループが寝泊まりできるバンガローという条件のもと、

球磨川を望む350mmの段差に腰掛けて描いたfinal wooden houseの野帳スケッチ

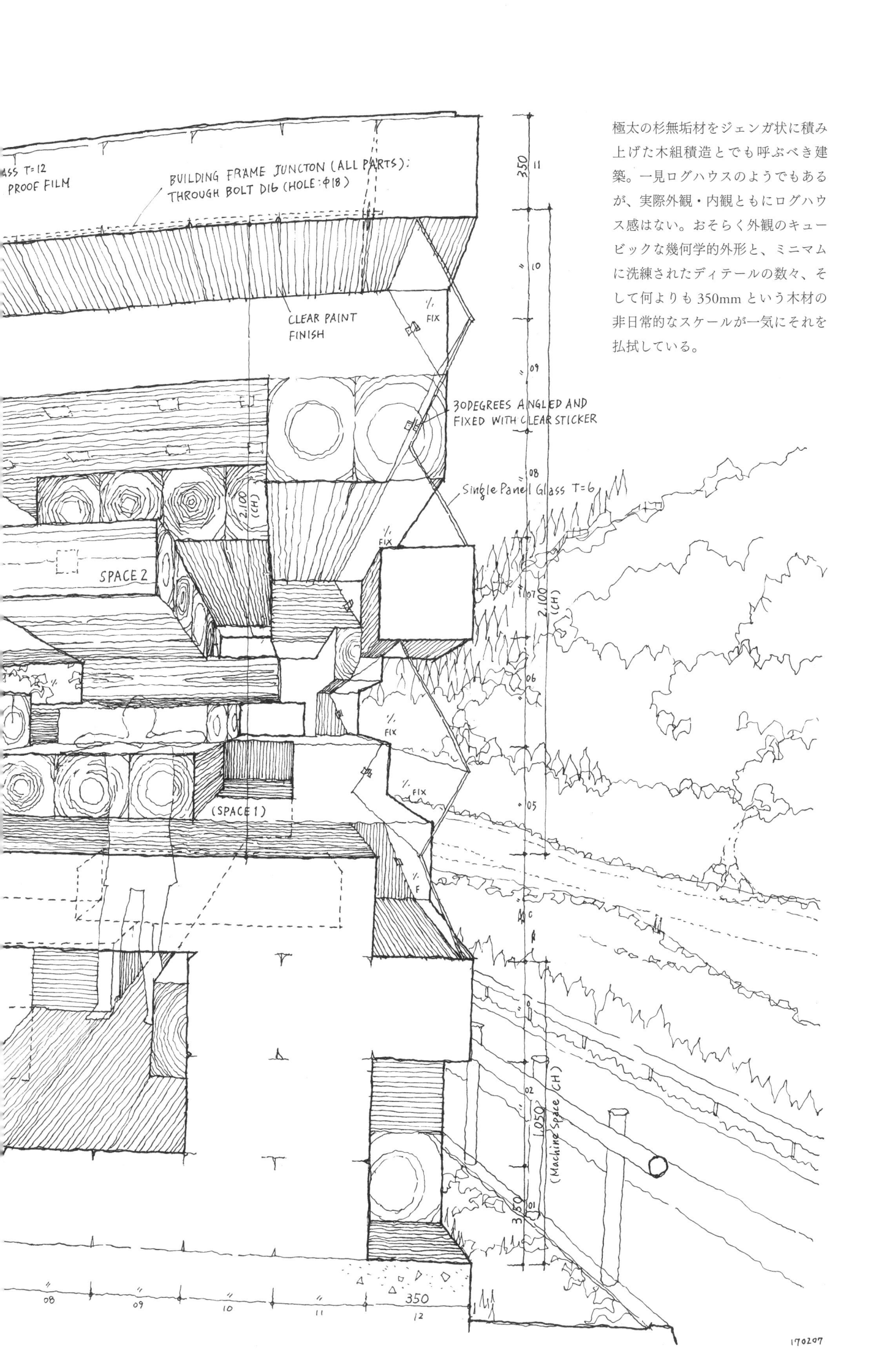

極太の杉無垢材をジェンガ状に積み上げた木組積造とでも呼ぶべき建築。一見ログハウスのようでもあるが、実際外観・内観ともにログハウス感はない。おそらく外観のキュービックな幾何学的外形と、ミニマムに洗練されたディテールの数々、そして何よりも350mmという木材の非日常的なスケールが一気にそれを払拭している。

ASS T=12
PROOF FILM

BUILDING FRAME JUNCTON (ALL PARTS):
THROUGH BOLT D16 (HOLE: φ18)

CLEAR PAINT
FINISH

FIX

30 DEGREES ANGLED AND
FIXED WITH CLEAR STICKER

Single Panel Glass T=6

SPACE 2

FIX

(SPACE 1)

FIX

350

350mm 角という大断面の杉無垢材をジェンガのごとく組み上げた、前代未聞の木造建築がそれである。

次世代木造の提案を求むということで、くまもとアートポリスが全国公募したコンペティションで当選した案であるが、一家に 1 本使うかどうかという 350mm 杉角材を惜しげもなく積み上げるという提案に、施主である球磨村森林組合は動揺し当初は難色を示したと聞くが、建築の発展に寄与するのであればということで、最後は率先して木材集めに奔走してくれたそうである。

敷地は球磨川沿いの階段状に造成された細長い平地にあり、石積擁壁側の入口から斜めに取り付けられた鉄扉を開け入室。右手にまた鉄扉があり、おそらく世界最大のドアノブであろう 350mm キューブの角材を引くと中には半地下状のトイレとシャワーブースが。川に向かって進むと左手にはやはり角材を並べた木キッチン。ミニシンクが無垢材に象嵌されている。

そして突き当たりを右に 350mm の "蹴上げ" を 1、2、3 段上ると、この建築の中で最も広いスペースに到達。といっても広さは畳 1 枚強といった平場。しかしまわりにテーブルや椅子になりそうな凹凸が広がっているので、さほど狭さは感じない、4 〜 5 人で食事ができそうな場所である。さらに時計回りによじ上る

ことができ、途中途中の平場では横になったり、トップライトの下で読書をしたくなったりと、未分化状態にまんまとハマっていることに気付く。

ラウムプランの始終

このバンガローもラウムプランである。平面だけでは到底理解することはできず、写真だけでも不十分だ。実空間に身を投じ、極太の無垢材でしか感じることができない肌感覚と存在感、そして隙間から変幻する陰翳や森の表情を感じながら身体と寸法が向き合う感覚。設計過程でこの経験を想定し、巨大な模型に頭を突っ込みながら三次元的に格闘したことを、実空間が如実に物語っている。

ただミュラー邸と異なるのは、未分化の状態に還元された 350mm の "階段" がさまざまな機能や場所を "孵化" しているようであり、孵化した結果階段が生まれたように感じられるミュラー邸とは真逆のベクトルを感じるのが面白い。

ラウムプランの始まりと終わりを、二つの建築に見た思いである。

構造とは無関係に宙ぶらりんになった部材の存在により、まるで重力から解放されたシュプレマティスム絵画の世界に紛れ込んだかのような感覚にも陥る

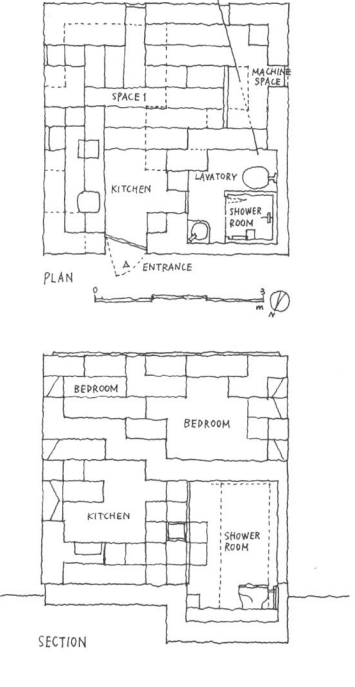

final wooden house（所在：熊本県球磨郡）

正対の杜／ サヴォワ邸 [1931年] 設計：ル・コルビュジエ

58〜59頁でミュラー邸での経験の記述を試行したが、サヴォワ邸とラ・ロッシュ＝ジャンヌレ邸でも試みる。中央付近に集約された動線体系から外側に向かう眼差しが連続し、白い躯体で切り取られフラットに浮かび上がる光景が多種多様に集積。それらがまるでピュリスム絵画を構成するかのような全体の印象を表現してみた。

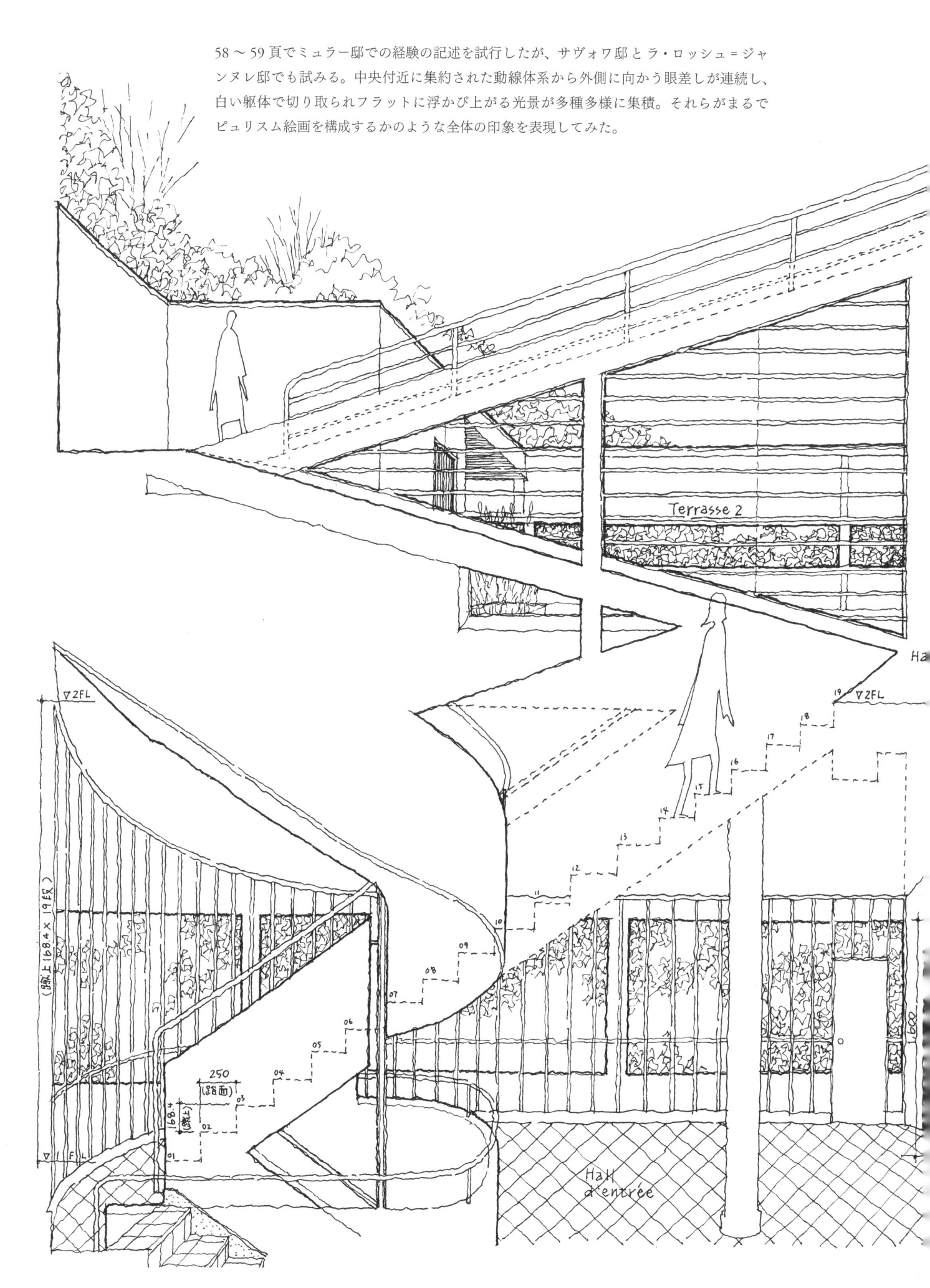

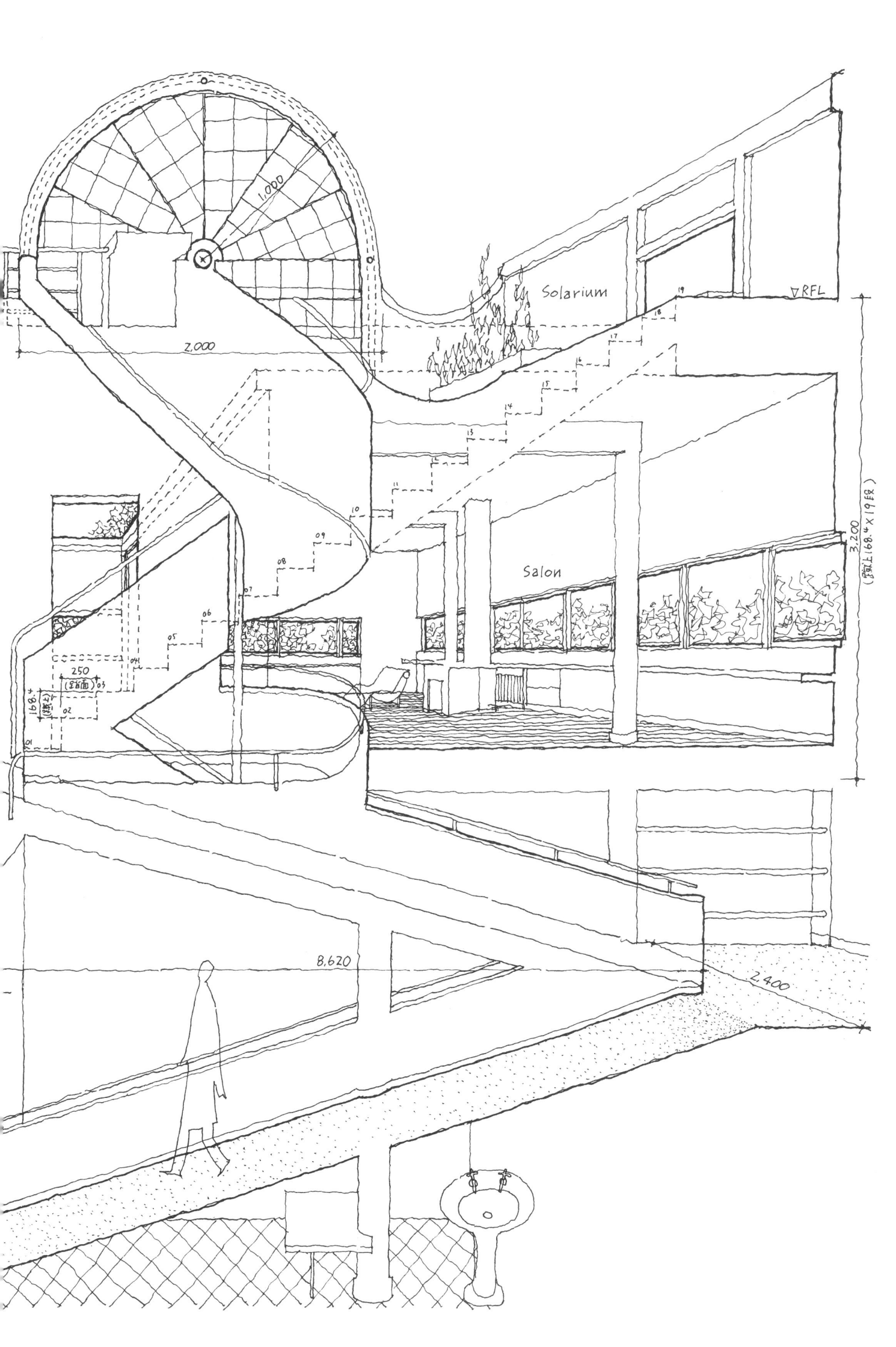

二つの白い直方体

　ともにル・コルビュジエの初期作品であり、近代建築の五原則（ピロティ、屋上庭園、水平連続窓、自由な平面、自由な立面）に則った住宅ということで、「サヴォワ邸」と「ラ・ロッシュ＝ジャンヌレ邸」はきっと似たようなものだと思っていた。白い直方体、ドミノシステムと有機的エレメントの融合、そして建築的プロムナード。先日パリを訪れた際に両者を訪れてみたのだが、その思惑は見事に裏切られ、二つはまったくと言っていいほど異なる建築だった。

　片やパリ近郊の森、片やエッフェル塔近くの住宅街という立地や周辺環境の違い、そして週末住居とギャラリー付き住宅という機能の違いから多少の差異は予想していたが、それらを差し引いてもここまで違うものだとは思わなかった。

　何が違うのか。建築的プロムナードという構造が共通するなかで、そこでの空間性や風景の"感じられ方"が異なるのである。散策路の道中における"眼差しと風景"が対照的な関係にあるのだ。

見るための機械

　ポアシーの駅から緩やかな坂道を30分ほど上ると豊かな森にたどり着き、白亜のピロティ建築はそこに凛として佇んでいた。自動車でアクセスする砂利道がピロティに進入しUターンしてくる様を何度図面や写真で見たことだろう。それが眼前にあることに感慨を抱きながら徒歩でU字路を進み、折返し付近でエントランスへと至る。

　エントランスとしては簡素な両開き扉の片側を開け玄関へ。右手の受付を経て中央のスロープに歩み寄るが、湾曲したガラス壁に包まれたUの空間を感じつつ、左手の"巻き貝"階段に引き寄せられる。1枚の白い紙から稲妻のようなかたちを切り取り、くるりと巻いたようなシンプルな構成だが、歩みとともに姿かたちが艶かしく変幻する官能性をあわせもっている。この階段に身を置きたい衝動をぐっとこらえ、散策路の脊髄であるスロープへと進む。

　およそ5.5分の1というかなりキツめの勾配を上る。その過程で左手下方にスタンドアローンの手洗い、そして半開きになっている開口から事務所兼ショップをのぞく。明確な床の見切りはないが踊り場を折り返し、再び斜路へ。左手上方に額縁底辺に斜めにカットされた三角形欄間があり、テラスの植物が垣間見える。スロープを上りきると今度は右手から巻き貝が出迎えてくれ、正面の扉から主室へと入る。大開口から順光に映えるテラスと緑を堪能し、再びホールを経て屋上

巻き貝階段や柱の突出と、壁や手摺の引込みが、街路のような変化を生み出している2階の通路

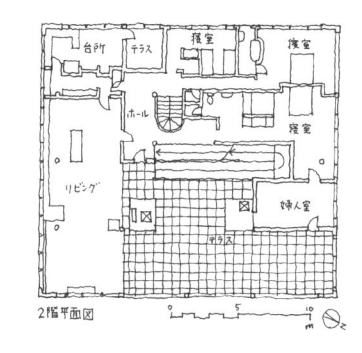

2階平面図

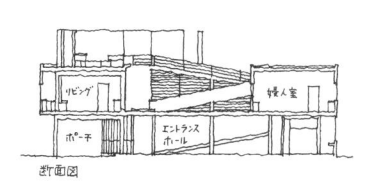

断面図

サヴォワ邸（所在：ポアシー／フランス）

へのスロープを上る。上昇するにつれ、壁で囲われていた領域を脱し自然に包まれる感覚がグラデーショナルに増していく。

そして屋上庭園へ。正面の枠付き開口からは森を俯瞰でき、ソラリウムのベッドに横たわりカーブの壁面で切り取られた空をしばし眺める。そして塔屋の扉を開け、巻き貝をらせん状に下降。稲妻状の隙間から、先ほど歩いた自らの上昇過程であるスロープやホールの断片が切り取られ、そのスペクタクルに包まれながら最初のホールへと帰還。

折れ曲がった長屋

再びパリ市内へと戻り、16 区にあるラ・ロッシュ＝ジャンヌレ邸へ。この 2 軒続きの邸宅は街区内の袋路にのみ面しているので、通りからは気配さえも感じることができない。その長い袋路を歩み進めると、並木の間から湾曲した壁面が徐々に現れてくる。

近年改修されたクリーム色の外壁に多少戸惑いつつ、ピロティ右手の玄関から入邸。いきなりの 3 層吹抜けのホールに圧倒されながらも、吹抜けに張り出した踊り場バルコニーに誘引され 2 階ホールへ。

バルコニーより、モンドリアンのごとく分割された大開口を斜めに望む。そして吹抜けを渡るパッサージュを横目に湾曲した壁内のギャラリーへ。クリーム色の矩形壁面を正面に、右手ライトグレーのフラットな壁と、湾曲した左手同色壁とワインレッドのスロープ壁が、天井高約 4.5 m の豊かな気積を包み込んでいる。さらに水平連続窓としてのトップサイドライトがそれぞれ設けられ、周辺環境と陽光に取り巻かれた明るいギャラリーを演出している。

湾曲したスロープを上る。およそ 4 分の 1 という急勾配ではあるが、摩擦係数の高い床仕上げも手伝ってそれほど苦ではない。だがアキレス腱の伸びを感じるくらいの傾斜なので休み休み上るのがちょうどよく、合間に絵画を鑑賞することが意図されているのだろう。登頂後には振り返ってギャラリーを俯瞰し、色とりどりの面で構成された立体絵画のような空間を鑑賞。そして 3 階図書館から吹抜けを斜めに見下ろし、また同じ路を引き返して先ほどのパッサージュを渡り南西の諸室ブロックへ。

パッサージュから吹抜けに沿った廊下に折れ曲がり、Z字状にクランクするように階段室へと至る。これら経路の角はおよそ吹抜けの隅部に位置し、それぞ

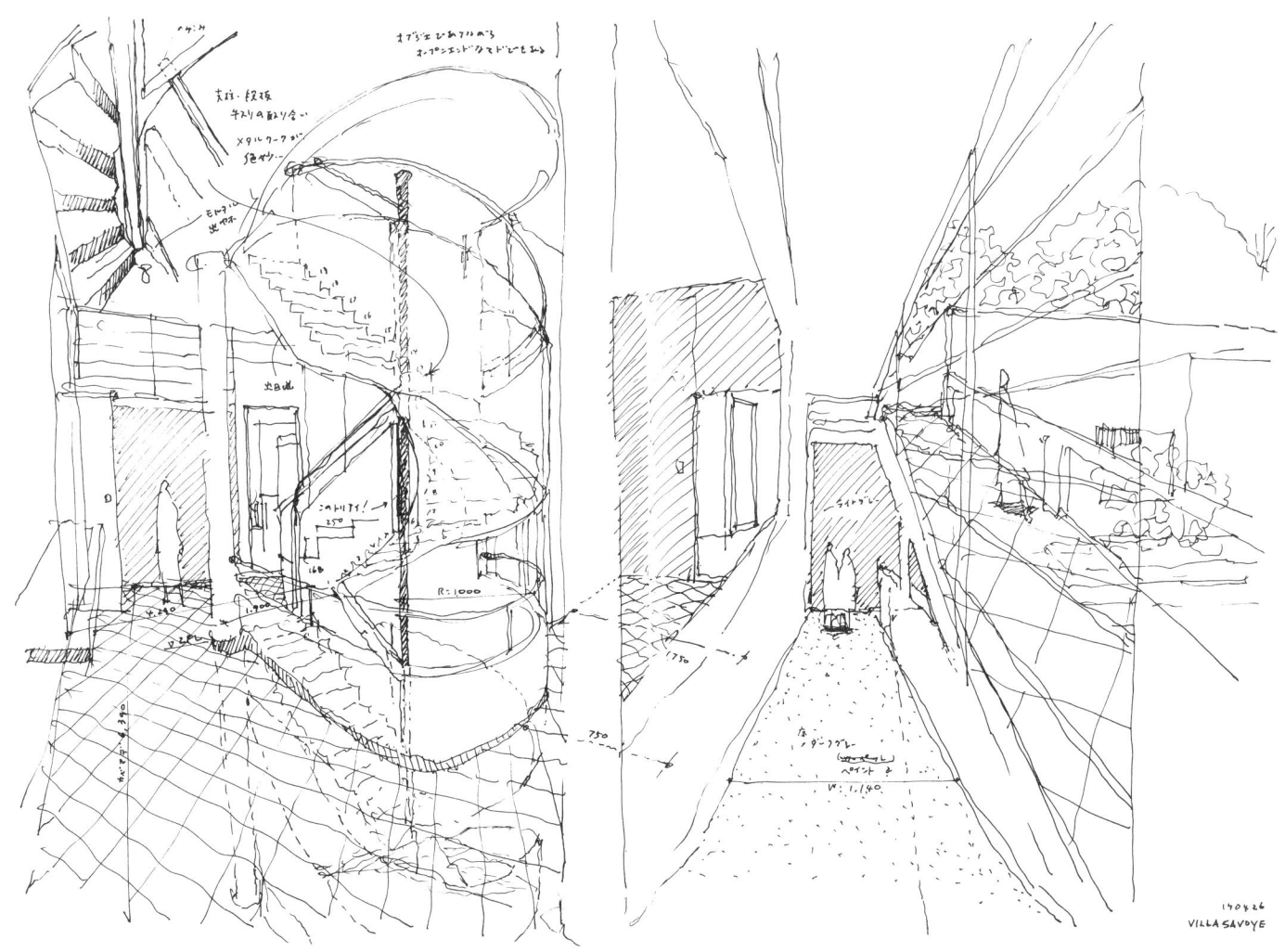

階段、通路、そして上下斜路。すべて動線であり風景を切り取る "窓" でもある諸要素が、カタログのように羅列されたサヴォワ邸の特異なホール空間

斜対の杜／ ラ・ロッシュ＝ジャンヌレ邸 [1925年]　設計：ル・コルビュジエ

L字状に折れ曲がった長屋の中で、隅部に配置され
た建築的プロムナードの結節点から斜めに望む光景
がまるで屏風状の絵巻物であり、開口からの風景や
さまざまなディテール、そして家具たちのすべての
要素が、その絵巻物の紋様のごとく浮かび上がるよ
うな全体の印象を伝えることを意図した表現である。

トップライト

Bibliotheque (3F)

本棚：
ライト
ベージュ

ライト
ブルー

オレンジ色の
反射光

ピロティ

メッシュ

ピンク色 の反射光

黒フレーム

Rカベが
マイストップに

庇上へ

手スリ：
直線で
切り抜シ
の納まり

スイッチ

ピクチャーレール
（少し上向き）

真ちゅう

サックス
ブルーの
カベ

ゆるやかな
カーブ

Passerelle

Hall d'étage
(2F)

サックス
ブルー色

クリーム色

クリーム色

黒い中木

45°に下がった
床タイル

ベルを鳴らすと
ドアが開く

にぎり玉なに
センタリング？

こげ茶

Grand Hall (1F)

黒タイル
（白目地）

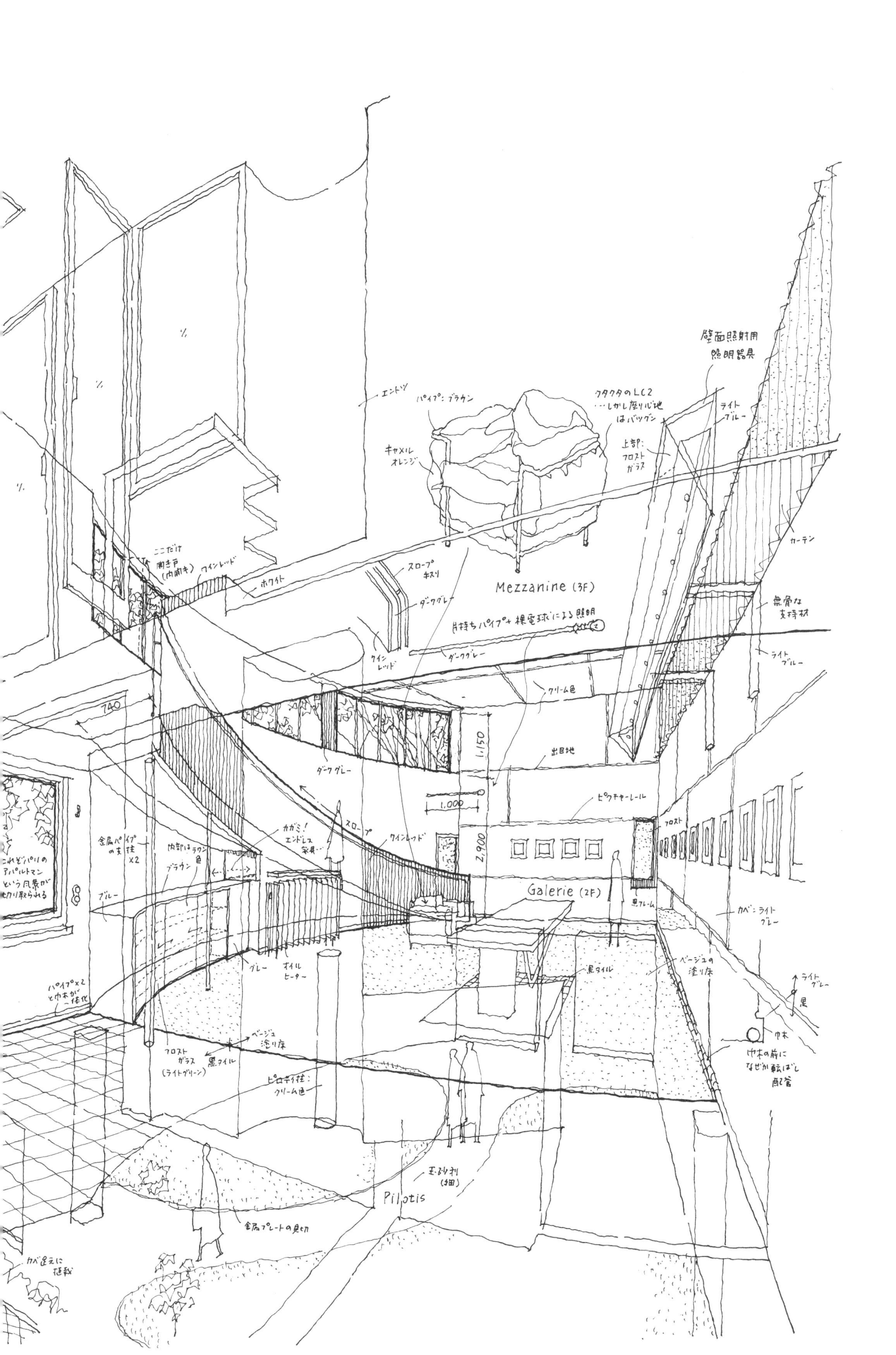

れ穿たれた開口部を介して斜めに立体街路を見渡すことができる。そして階段室は屋上庭園へと至り、そこではアパルトマンで囲われた都市の中庭における、L字状に曲がった長屋のような全体像を知ることができる。そして再び階段室を下降し、1階のホールから吹抜けを斜めに仰ぎ見る。結節点としての隅部に穿たれた開口、パッサージュや踊り場の張り出し、そして大開口越しの湾曲壁によって構成される内観は、まるで巨大なアイソメ絵画さながらである。

コルビュジエからの宿題

　つらつらと二つの建築的プロムナードの経験を綴ってきたが、その違いにお気づきだろうか。サヴォワ邸では主にスロープと巻き貝階段を軸に回遊したが、その動線は住宅の中央付近に集約されていたことから眼差しは外側に向いており、壁や窓に正対することが多かった。白い躯体の中で風景がフラットに浮かび上がり、それは奥行き感が捨象された抽象画のようである。全体的な印象としては動画というよりはキュビスム、いやコルビュジエが提唱した「ピュリスム絵画」のようなイメージに近い。

　それに対してラ・ロッシュ＝ジャンヌレ邸は概して"斜め"であった。吹抜けの角部にプロムナードの結節点と開口が設けられていたことから、空間を斜めに見る機会が多く、それは湾曲したスロープも例外ではない。そこでは空間を構成する壁がまるで屏風のように連続し、窓からの風景や家具などの要素が屏風絵の紋様のようにも感じられた。こちらは静止画というよりは、洛中洛外図のような連続した「絵巻物」を動的にたどるようなイメージである。

　ほぼ同じ時期に建てられた二つの住宅は、"正対の杜"そして"斜対の杜"という、眼差しと風景の関係において対照的なものであったが、それは初期コルビュジエにとっての壮大な建築的プロムナードの実験だったのだろう。眼差しと風景の関係を豊かにする階段空間はきっとこれだけではないはず。コルビュジエからの宿題と捉え、未来の階段空間を考えてみてはどうだろうか。

ラ・ロッシュ＝ジャンヌレ邸では空間に正対するより、
斜めからファインダーをのぞいたほうが絵になることが多い

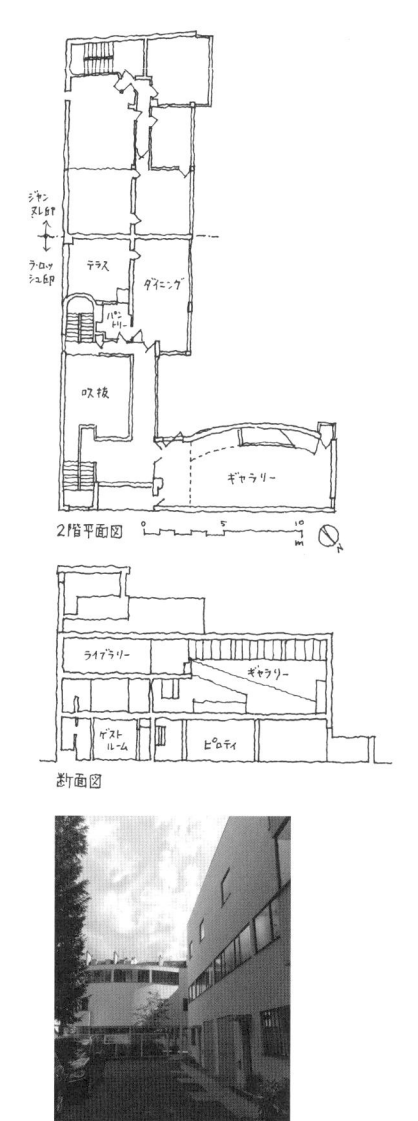

ラ・ロッシュ＝ジャンヌレ邸
（所在：パリ／フランス）

II

階段の規矩術

規矩術とは中国から伝えられた建築の計算技術のことである。建築の全体を、差矩に基づく比率を用いて決定していく設計法のことで、日本では数寄屋建築に見られる木割といった技術に進化したことはよく知られている。経験豊富な大工は図面なしに家をつくるが、丸材からとれる角材の最大寸法から、部屋の大きさに対する天井の高さに至るまで、差矩一本で「こんなもんだから、ここはこんな程度で」と体で覚えた規矩術を発揮するのである。それは西欧の黄金比などに見られる左脳のカタイ数理とはちがった、右脳の柔らかいプロポーション感覚だ。

　ここでのプロポーションとは、狭義の「割合、比率」ということを超え、広義の「調和、均整」ということまで含め、考えている。ごく普通の階段を「T＋2R＝63cm」*という階段公式に基づく数理階段だとすると、ここで取り上げる階段は、右脳の規矩術によるプロポーションをもった階段である。

　本章では、そのようなプロポーションをもった階段に注目し、それをとりまく空間、機能、スケールとの関係も含めて描き考察し、またそれを支えるディテールも踏まえて紹介する。

＊昇降しやすい踏面（T）と蹴上げ（R）には各種の関係式が提案されており、T＋2R＝63cmもその一つ（日本建築学会編『建築設計資料集成』より）。

めくるめく ｜ 日生劇場

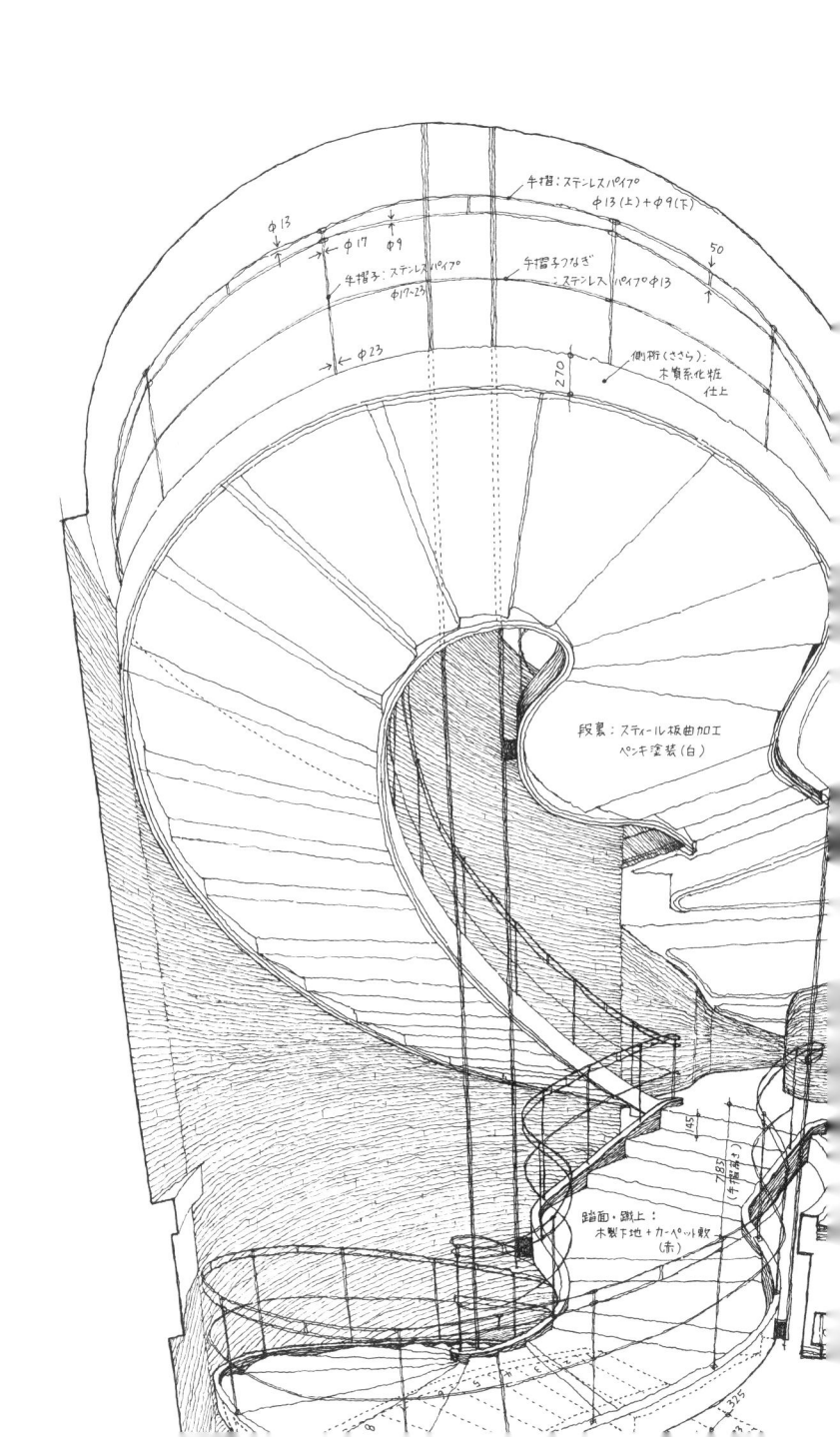

劇場のホワイエを軽やかに舞う階段

日生劇場［1963年］ 設計：村野藤吾

彫塑的で洞窟のような劇場の
ホワイエ空間にて、優雅
な曲線を描きながら
舞い降りる、ひと
きわ目を引く
吊り階段。

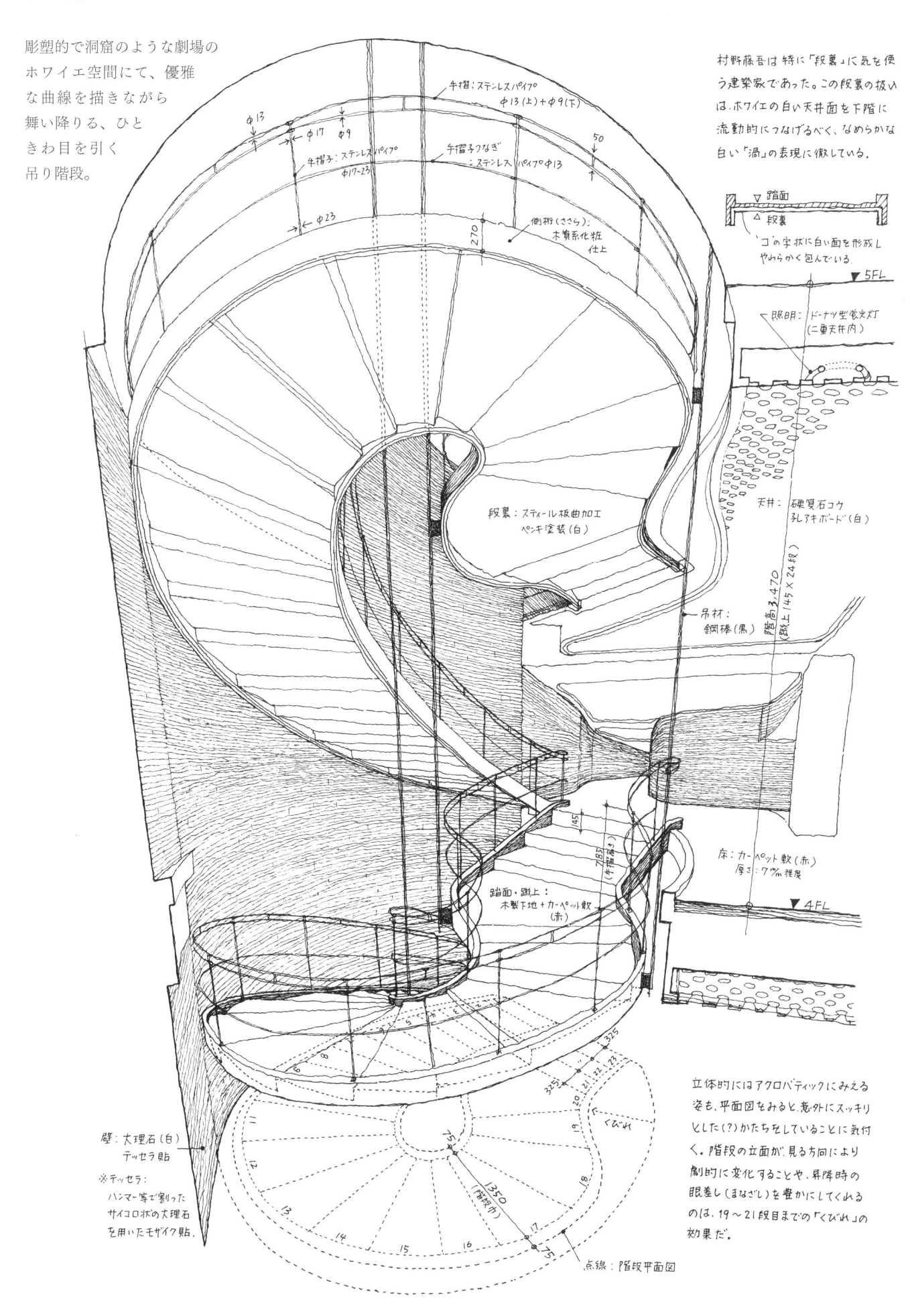

村野藤吾は特に「段裏」に気を使う建築家であった。この段裏の扱いは、ホワイエの白い天井面を下階に流動的につなげるべく、なめらかな白い「渦」の表現に徹している。

▽踏面
△段裏

「コ」の字状に白い面を形成しやわらかく包んでいる。

▽5FL

照明：ドーナツ型蛍光灯（二重天井内）

天井：硬質石コウ孔子キボード（白）

階高3,470（蹴上145×24段）

吊材：鋼棒（黒）

床：カーペット敷（赤）厚さ：7％程度

▽4FL

手摺：ステンレスパイプ φ13（上）＋φ9（下）

φ13　φ17　φ9

手摺子：ステンレスパイプ φ17-23

手摺子つなぎ：ステンレスパイプ φ13

φ23

270

側桁（ささら）：木質系化粧仕上

50

段裏：スティール板曲加工ペンキ塗装（白）

踏面・蹴上：木製下地＋カーペット敷（赤）

壁：大理石（白）テッセラ貼

※テッセラ：ハンマー等で割ったサイコロ状の大理石を用いたモザイク貼。

立体的にはアクロバティックにみえる姿も、平面図をみると、意外にスッキリとした（?）かたちをしていることに気付く。階段の立面が見る方向により劇的に変化することや、昇降時の眼差し（まなざし）を豊かにしてくれるのは、19～21段目までの「くびれ」の効果だ。

点線：階段平面図

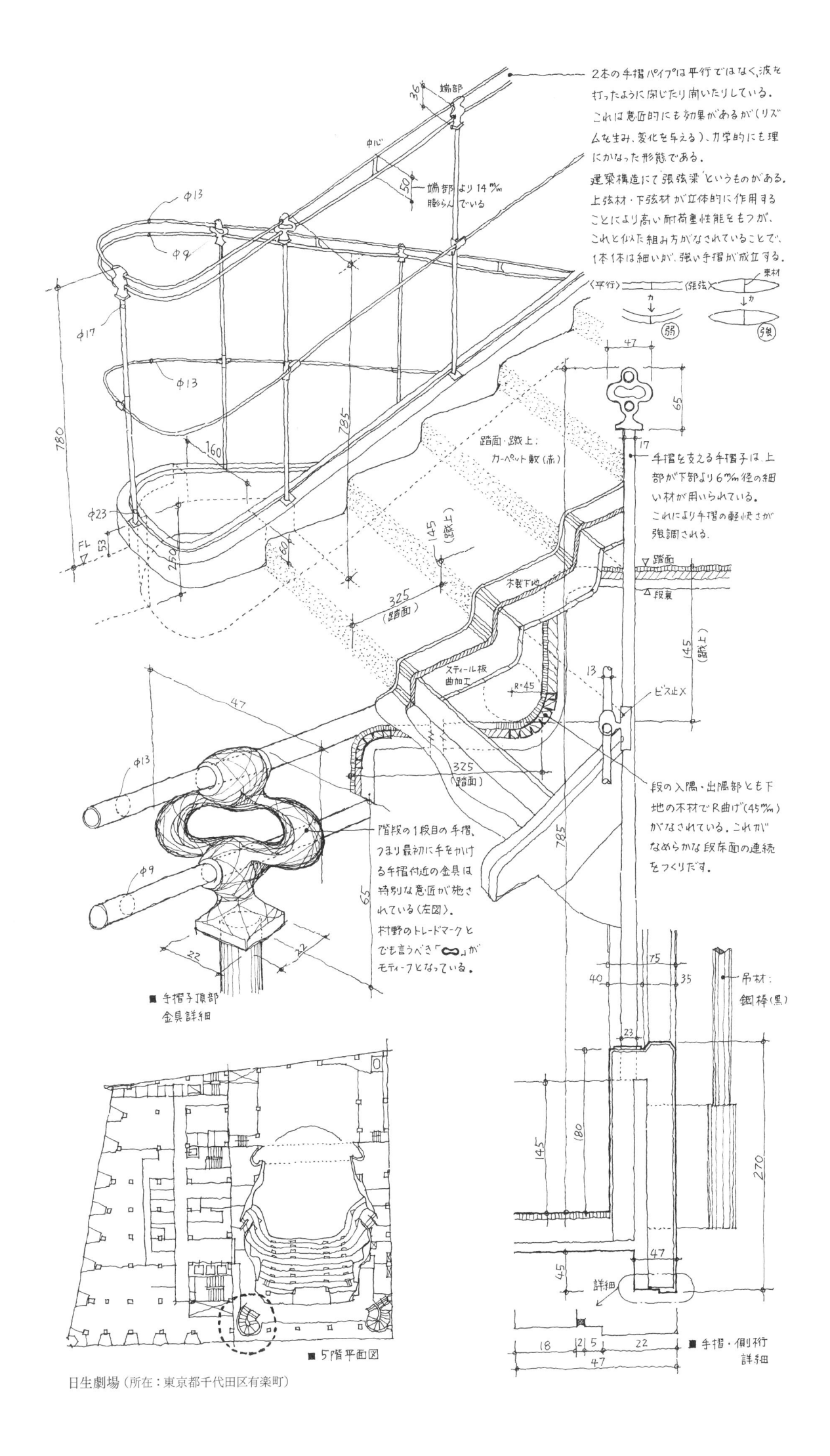

日生劇場（所在：東京都千代田区有楽町）

まずは村野藤吾設計の「日生劇場」である。「千代田生命本社ビル」（1966）は目黒区役所になり、「読売会館」（1957）は某量販店舗にコンバージョンされ、いわゆる村野階段をオリジナルに近いかたちで身近に見ることができるのは、東京ではもうここだけかもしれない。

村野は右脳の規矩術をもった建築家である。建築批評家の浜口隆一が日生劇場を雑誌に掲載する際に村野にインタビューを行い[*]、歴史における位置づけや造形の論理を聞き出そうとしたが、ことごとく素っ気ない回答しか得られていないのが面白い。外壁が石であることの根拠や現代建築に対する批評性については「なにもわたしは現代建築なんてことを考えませんもの、頭にあるだけのものでやっていく。ただおれはこれで与えられた問題を解決するんだ」。またオーディトリアムの曲面についてガウディとの関係を問われると、「いやあ、なんにもぜんぜん考えていません。形だけで単純に考えて（中略）だから模型をみながら、このほうが形がいいときめた形ですね」。

一見、日生劇場は豪華な空間である。しかし、ホワイエやロビー空間は高価な材料や華美な装飾によるものではなく、表面の肌理とか、線や面のプロポーションからジワッとそれが伝わってくる気がする。たしか

に天井は石膏ボードだし、内照式照明はドーナツ型の蛍光灯。階段も例にもれず、段裏は構造であるスチールの側桁と折板がそのまま仕上げとなっており、手摺はステンレスパイプの曲組みである。都心の一等地に立つ劇場にもかかわらず、ごくごく一般的なものを使っているだけ。「なにもムダに高い材料なんて使わなくとも、コレをこうしてこう組めば、ホラいいものになるんだよ」という声が聞こえてくるようだ。経験と知識があれば、たとえ安価な材料でも組み方次第でよいものになる。村野はしばしば「建築は人間を教化する」と語ったが、今回実測したことで、建築とは構成であるということを再認識させられ、また一つ教化されてしまった。

できるだけ恣意性を排除し、システマチックでミニマルな空間を指向する建築家が昨今のはやりではある。かたちに論理性がないものは悪だ、といった時代の空気を感じずにはいられない。しかし日生劇場の階段をしみじみと見ていると、作家が蓄積してきた経験と設計条件、素材などを鑑みて、そこにふさわしいプロポーションを手とあたま（右脳）によって構築するようなアーキテクトを絶やしてはいけない！とついつい力強く思ってしまうのであった。

[*]「日生を語る　対談：村野藤吾／浜口隆一」『新建築』1964年1月号

白い渦が舞うような流動性を感じる段裏の意匠。特別な仕上げなどなく、曲げた鉄板による構成

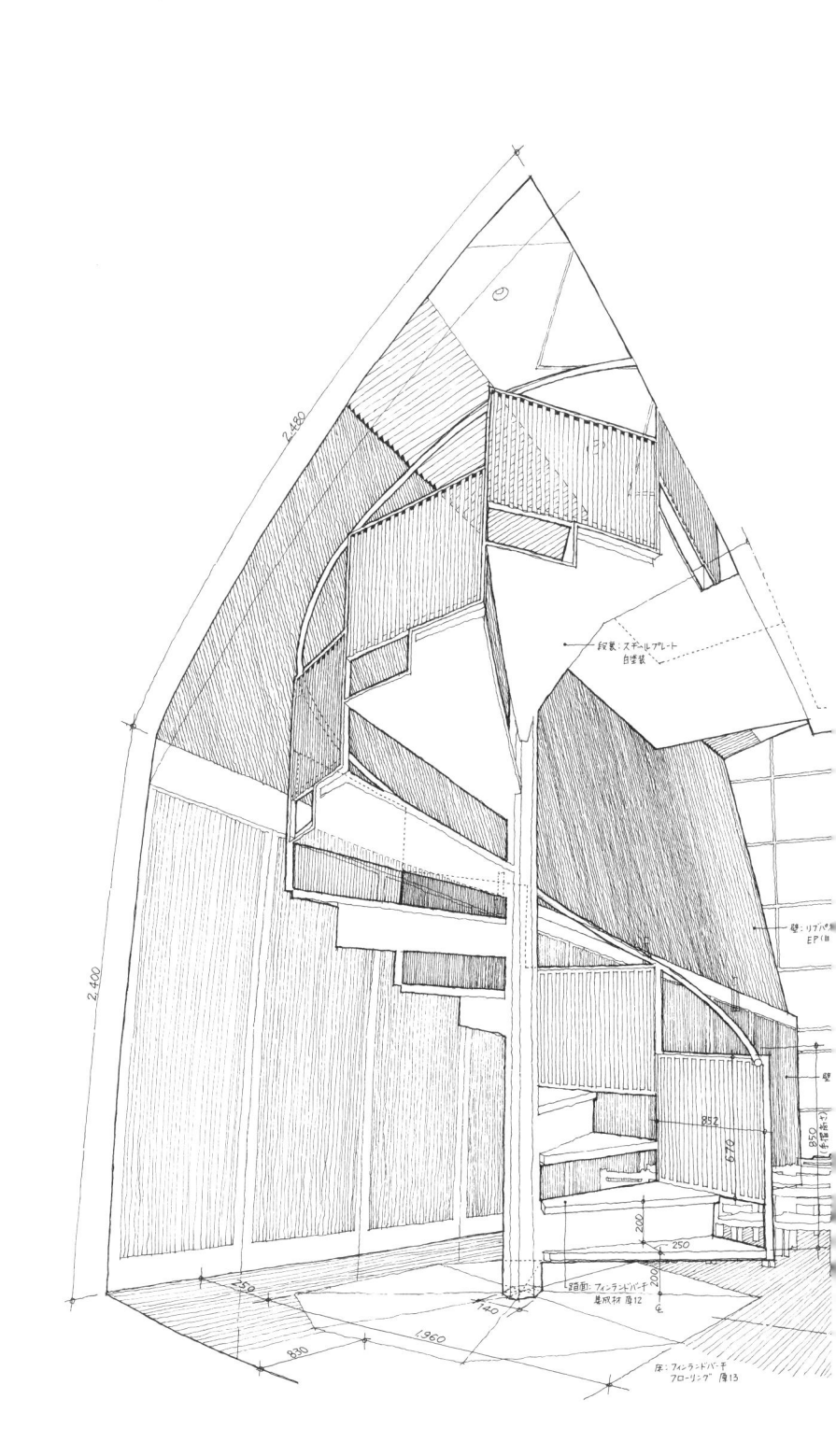

凛とした存在感を放つ階段

東京キリストの教会 ［1995 年］
設計：槇総合計画事務所

礼拝室の後方両側に自立する螺旋階段。線
や面で構成されていて堅い印象になり
がちなところを、手摺の曲線が柔
らかくまとめている。

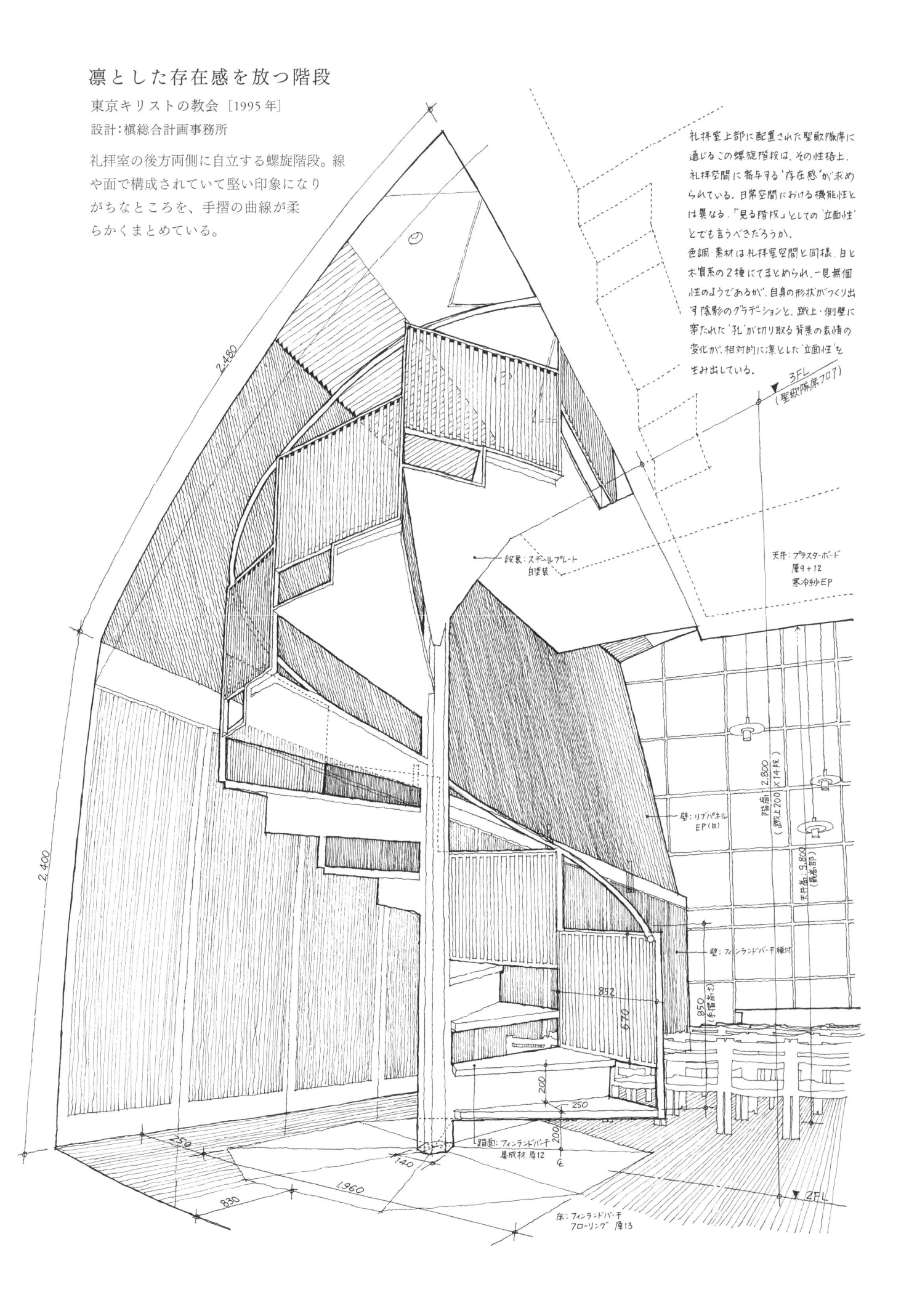

礼拝室上部に配置された聖歌隊席に
通じるこの螺旋階段は、その性格上、
礼拝空間に寄与する'存在感'が求め
られている。日常空間における機能性と
は異なる、「見る階段」としての'立面性'
とでも言うべきだろうか。
色調・素材は礼拝室空間と同様、白と
木質系の2種にてまとめられ、一見無個
性のようであるが、自身の形状がつくり出
す陰影のグラデーションと、蹴上・側壁に
穿たれた'孔'が切り取る背景の表情の
変化が、相対的に凛とした'立面性'を
生み出している。

天井：プラスターボード
厚9 + 12
寒冷紗EP

3FL
（聖歌隊席フロア）

段裏：スチールプレート
白塗装

壁：リブパネル
EP（白）

階高 2,800
（蹴上 200 × 14 段）

天井高 9,800（最高部）

壁：フィンランドバーチ練付

踏面：フィンランドバーチ
集成材 厚12

床：フィンランドバーチ
フローリング 厚13

2FL

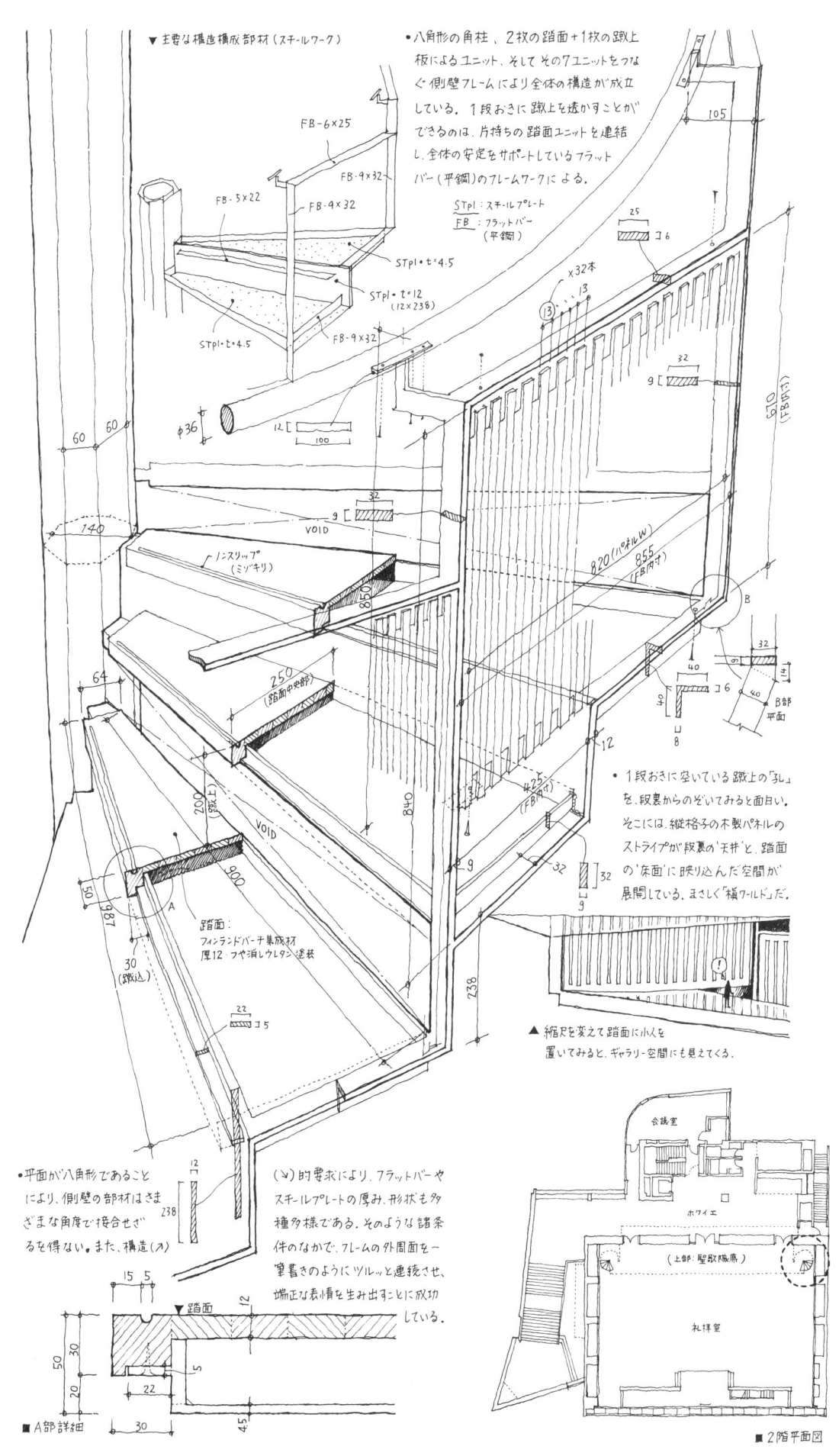

▼ 主要な構造構成部材（スチールワーク）

FB-6×25
FB-9×32
FB-5×22
FB-4×32
STpl・t=4.5
STpl・t=12 (12×238)
STpl・t=4.5
FB-9×32

φ36
12 ⊏ 100
32
9 ⊏
VOID
140
ノンスリップ（ミゾキリ）
850
250（踏面中央部）
64
820（パネルW）
855（FB内寸）
855
32
40
9 ⊏ 6
B部平面
12
40
STpl：スチールプレート
FB：フラットバー（平鋼）
25
コ 6
×32本
13 13
32
9 ⊏
975（FB内寸）
200（蹴上）
VOID
900
A
50 987
30（蹴込）
踏面：フィンランドバーチ集成材
厚12・ツヤ消しウレタン塗装
22 コ 5
840
t25（FB内寸）
12
9
32 コ 32
9 ⊏

•八角形の角柱、2枚の踏面＋1枚の蹴上板によるユニット、そしてそのユニットをつなぐ側壁フレームにより全体の構造が成立している。1段おきに蹴上を透かすことができるのは、片持ちの踏面ユニットを連結し、全体の安定をサポートしているフラットバー（平鋼）のフレームワークによる。

105

•1段おきに空いている蹴上の「孔」を、段裏からのぞいてみると面白い。そこには、縦格子の木製パネルのストライプが段裏の「天井」と、踏面の「床面」に映り込んだ空間が展開している。まさしく「縮ワールド」だ。

▲ 縮尺を変えて踏面に小人を置いてみると、ギャラリー空間にも見えてくる。

•平面が八角形であることにより、側壁の部材はさまざまな角度で接合せざるを得ない。また、構造（ス）

12
238

■A部詳細
15 5
▼踏面
12
50 30
20 30
5
22
30
4.5

（ヌ）的要求により、フラットバーやスチールプレートの厚み、形状も多種多様である。そのような諸条件のなかで、フレームの外周面を一筆書きのようにツルッと連続させ、端正な表情を生み出すことに成功している。

会議室
ホワイエ
（上部：聖歌隊席）
礼拝室

■2階平面図

東京キリストの教会（所在：東京都渋谷区富ヶ谷）

建築家による階段は、何かとひと工夫が施される。支柱をなくす工夫、ささら桁を薄くして軽快に見せる試行、蹴込み板を省いて透明に見せる工夫などさまざまであり、その操作選択は周囲の空間との関係や、建築家の作風に従うことが多い。そのような階段を見るにつけ、つい"ひらひら階段""スケスケ階段"などと特徴を捉えた形容をしたくなる。また「一階段一工夫の原則」と命名したい衝動に駆られる。しかしこの槇文彦による階段は、そう単純な修辞句を付けられる階段ではなさそうだ。

「東京キリストの教会」は「テレビ朝日」（2003）に見られる「フィーレンディール」＊という構造架構を用いたダブルスキン・ファサードの先駆けになった作品である。実測当時、竣工から8年以上経過したとは思えないキレイさに感心しながら2階に上がると、山手通りの喧噪に面していることを忘れてしまうほど、光と静寂に満ちた礼拝室にたどり着いた。外は大渋滞、中は聖なる空間。空気層の効力について再認識させられた。

この教会には、杉板型枠コンクリート打放し、フィンランドバーチ材、プラスターボード、スチールサッシュ等の材料が品よく配列された"目にやさしい"空間が広がっている。その中に家具、ブラケット、建具押板、そして柱の化粧などが、純粋幾何学に基づいたデザインで効果的に配置されており、アクセントとして空間を引き締めている。そのモチーフは矩形や多角形が多く、礼拝室内のらせん階段も例にもれず、八角形をベースにしたものだ。

階段の第一印象は北欧系。その理由はシャープなラインと自然材料との融合といったところだろうか。しかしそんな簡単な形容ですませていいのだろうかと思い、よく観察していると、何かが注意深くデザインされていることに気づく。「孔（あな）」だ。スケッチ（80頁）では、できるだけ孔を強調して描いてみた。この教会での共通仕様である矩形、白、北欧材にて造形された螺旋階段のサーフェイス（表面）が、保護色をまとった植物のごとく建築空間と同化するところを、数々の孔が救済し、階段像を顕在化させている。蹴上げのボイド、踏面端部の開口、縦格子のスリットがその孔だ。

槇建築にはストライプのコラージュが多い。光により時々刻々と変化する表層を切り取る窓枠になり、ある時は自らの陰影によりオブジェに、はたまたストライプの映り込みをまとう鏡にもなる。図と地が反転あるいは融合する不思議な階段である。「変幻する階段」とでも呼ぶべきだろうか。

＊直線の部材を組んで構成した格子状の骨組構造

階段を構成する、さまざまな方向を向く面が幅広い陰翳のグラデーションを生み出し、時々刻々と表情が変化する

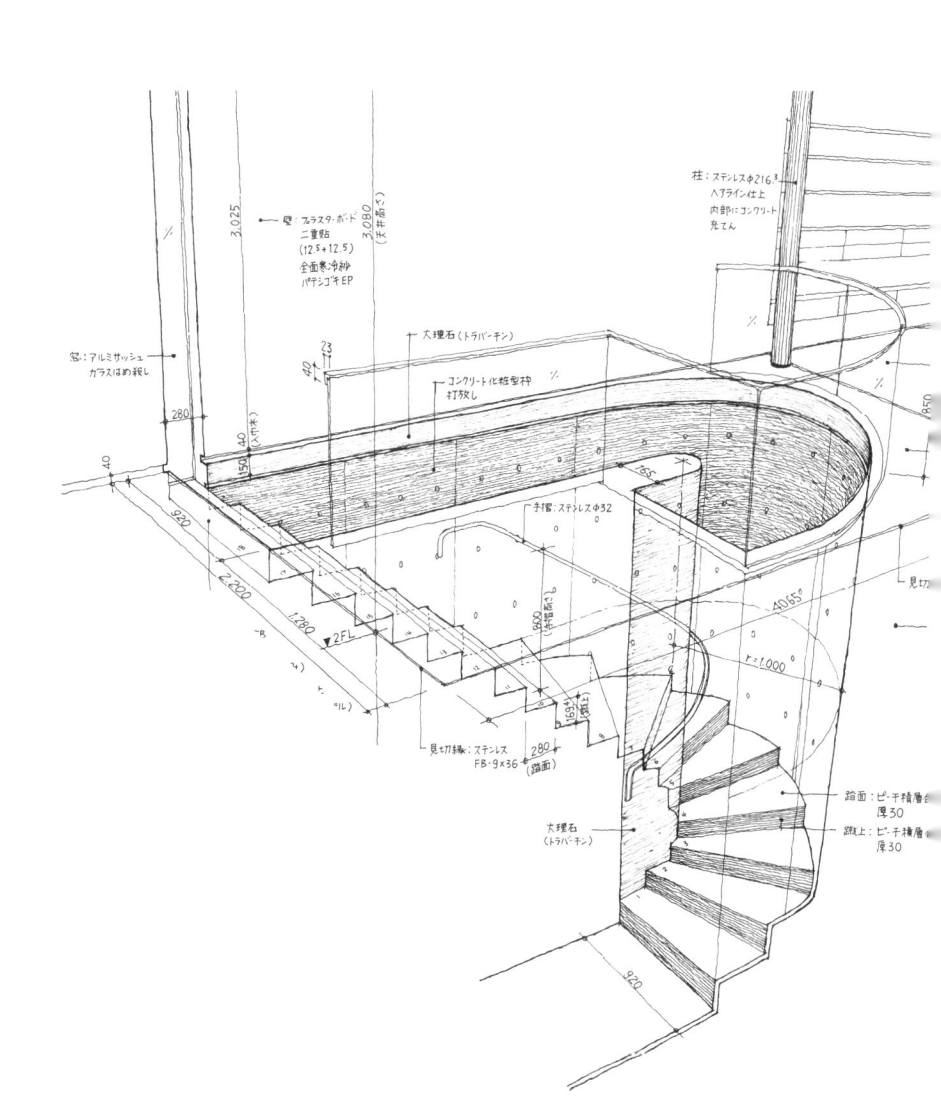

主階が隆起したかの如く設けられた、コンクリートの基壇の量塊内に潜り込むような空隙状の階段空間。

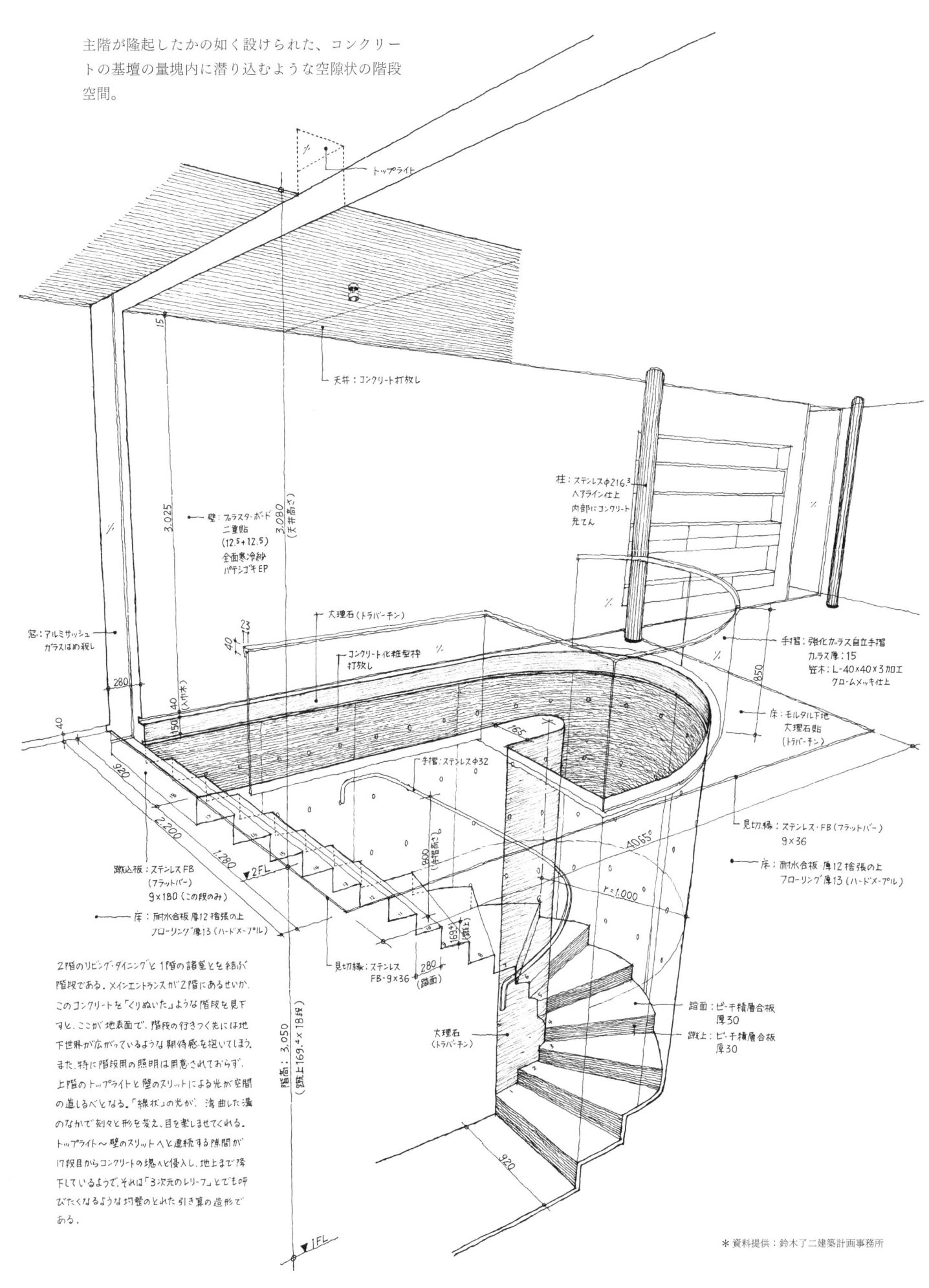

2階のリビング・ダイニングと1階の諸室とを結ぶ階段である。メインエントランスが2階にあるせいか、このコンクリートを「くりぬいた」ような階段を見下すと、ここが地表面で、階段の行きつく先には地下世界が広がっているような期待感を抱いてしまう。また、特に階段用の照明は用意されておらず、上階のトップライトと壁のスリットによる光が空間の道しるべとなる。「線状」の光が、湾曲した壁のなかで刻々と形を変え、目を楽しませてくれる。トップライト〜壁のスリットへと連続する隙間が17段目からコンクリートの塊へと侵入し、地上まで降下しているようで、それは「3次元のレリーフ」とでも呼びたくなるような均整のとれた引き算の造形である。

＊資料提供：鈴木了二建築計画事務所

84

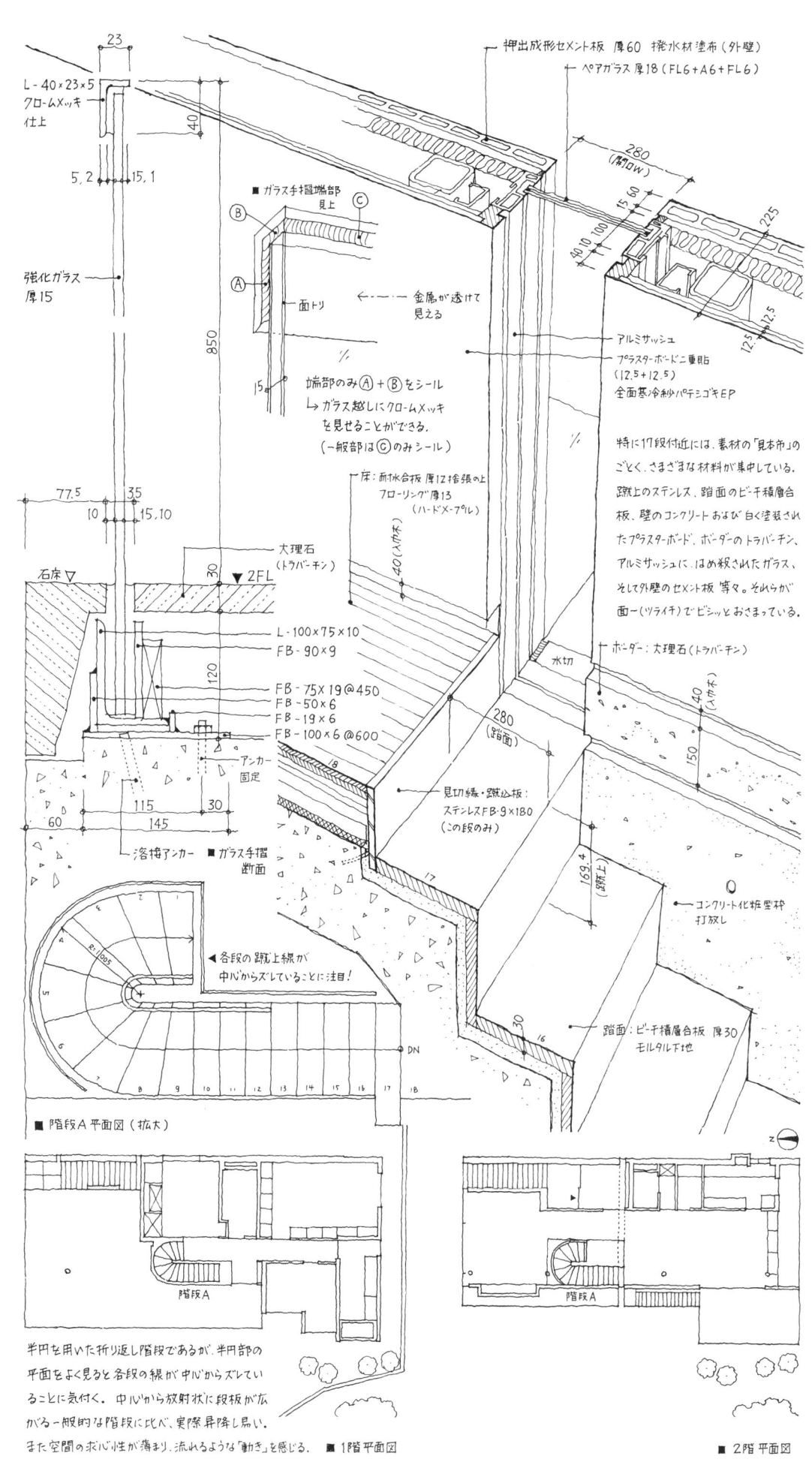

池田山の住宅（所在：東京都品川区）

伝説的な計画案がある。ル・コルビュジエの弟子である吉阪隆正の「箱根観光センターコンペ案」（1971）だ。落選案だから実物を見ることはできないが、箱根山中に円錐状のくさびを打ち込み、その頭を球面で削り取るという大胆な造形であり、ランドスケープ・アーキテクチャーとでも表現できよう。吉阪はこの形姿が新しい存在であるとして、以下のように寄稿している。

「『それはここだ』とマークすることは人間の諸活動の根源である。形姿の世界では、そこに楔を打ちこむ加え算型と、削りとるという引き算型とがある。砂漠や草原的風土で生れたのが前者であり、森林地で見出したのが後者で、これら2つは今日までの造形の偉大な創造の根なのだ。私たちはこの2つの手法をあわせて行ない、まず円錐状の楔を畑引山に打ちこんで、その頭を球面で削りとってしまった。人間の側からする力の表現だ。それは地震、噴火、あるいは浸蝕などの天然現象と同じくそれに当面した人々の心にハッと感じさせるだろう。（中略）そのような新しい存在である」*

要するに「加え算」と「引き算」をあわせもつ姿形が新しい表現だ、といっている。しかし「箱根」は実存し得ないので、その効果は不明のままポテンシャルのみが語り継がれ、現在に至っている。

鈴木了二の建築には、それと同質の造形論理を見ることができる。「池田山の住宅」はグラウンドラインが上空に設定され、主階が地面から隆起したような建築である。窒息しそうな密集からの解放がその主な設計意図であり、下階の「基壇」上に、L字状断面の「殻」が金属柱により軽快に支持された構成をもつ。構成に限ってみるとちょうどピロティ建築をさかさまにしたような格好であり、垂直方向に量感の異なる矩形の箱が「加え算」的につくられている。それに対してこの穿たれた階段や、箱を切断したスリット、トップライトなどの「引き算」による造形がバランス良く配置されている。重要なのは、「加え算」の建築として、あるいは「引き算」の建築としても見ることができるというバランス感覚だ。それぞれの都合で「加え算」を展開しようとする諸素材の意志が、「切断」という論理で制御され、程良い緊張関係をもって全体が成立している。通常"穿たれた"階段は負の概形のみが印象に残るが、ここでは空隙を生みだす表層のざわめきも脳裏に焼き付く。構築と切除が、"素材"を自立した"物質"に変化させたのだ。

＊『建築』1971年1月号

回転する蹴上げ線が中心からずれているのは、ミース・ファン・デル・ローエによる「チューゲンハット邸」の階段へのオマージュだろうか

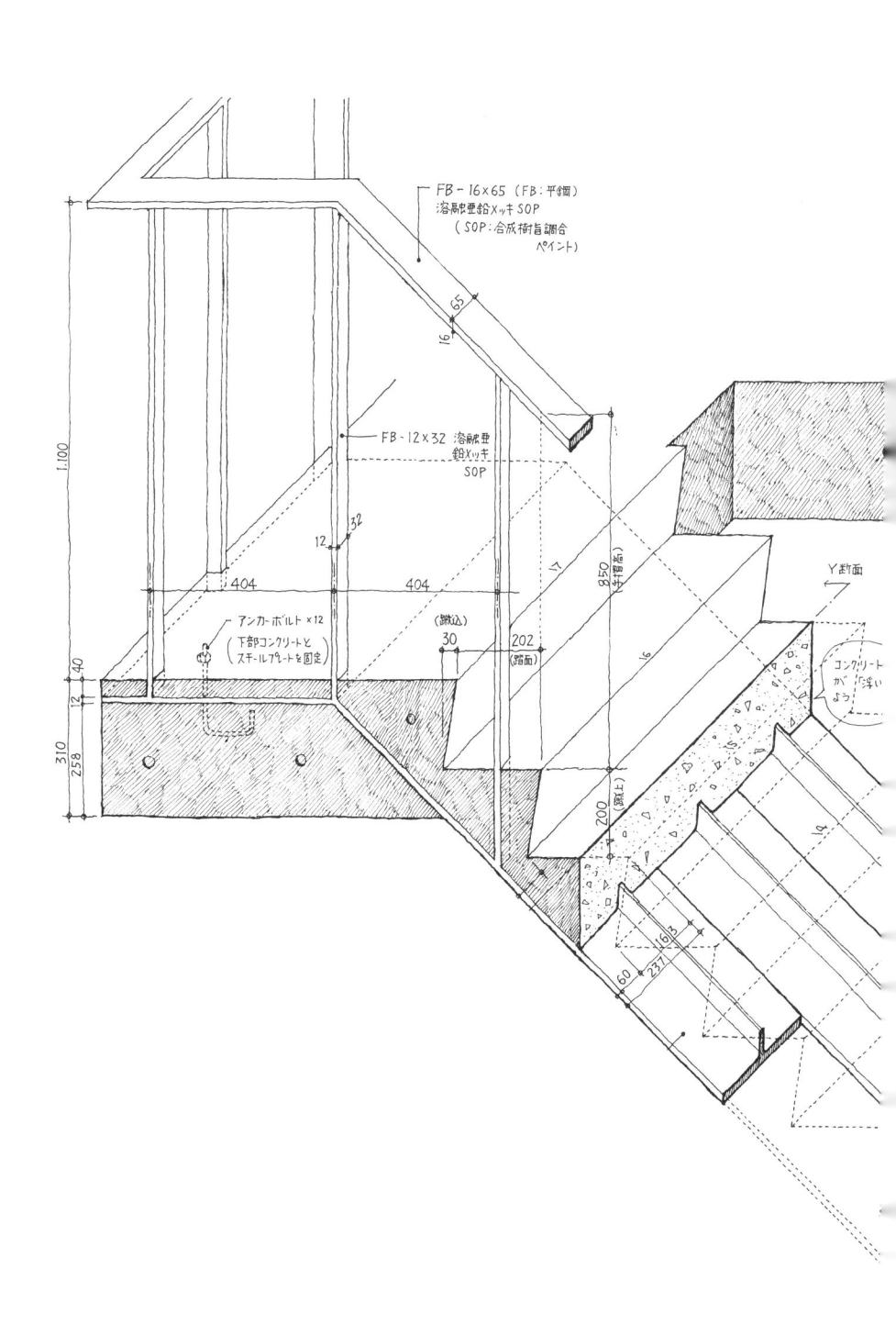

浮遊する断層階段　池田山の住宅 ［2000年］　設計：鈴木了二建築計画事務所

テラスから屋上に通じるコンクリート製の外階段であるが、鉄と組み合わせることで単体では成立しない独特のシルエットを獲得している。

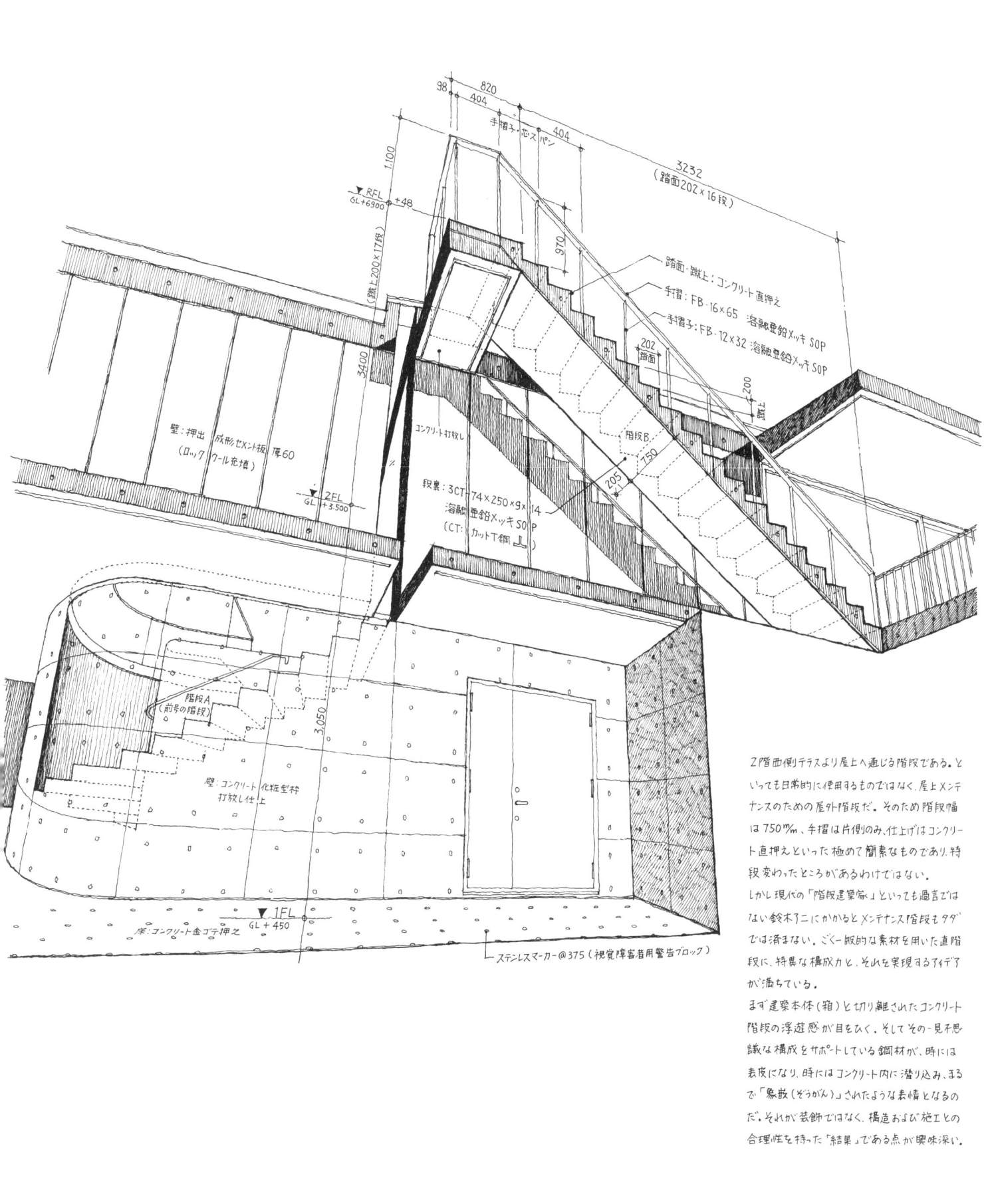

2階西側テラスより屋上へ通じる階段である。といっても日常的に使用するものではなく、屋上メンテナンスのための屋外階段だ。そのため階段幅は750㎜、手摺は片側のみ、仕上げはコンクリート直押えといった極めて簡素なものであり、特段変わったところがあるわけではない。

しかし現代の「階段建築家」といっても過言ではない鈴木了二にかかるとメンテナンス階段もタダでは済まない。ごく一般的な素材を用いた直階段に、特異な構成力と、それを実現するアイデアが満ちている。

まず建築本体（箱）と切り離されたコンクリート階段の浮遊感が目をひく。そしてその一見不思議な構成をサポートしている鋼材が、時には表皮になり、時にはコンクリート内に潜り込み、まるで「象嵌（ぞうがん）」されたような表情となるのだ。それが装飾ではなく、構造および施工との合理性を持った「結果」である点が興味深い。

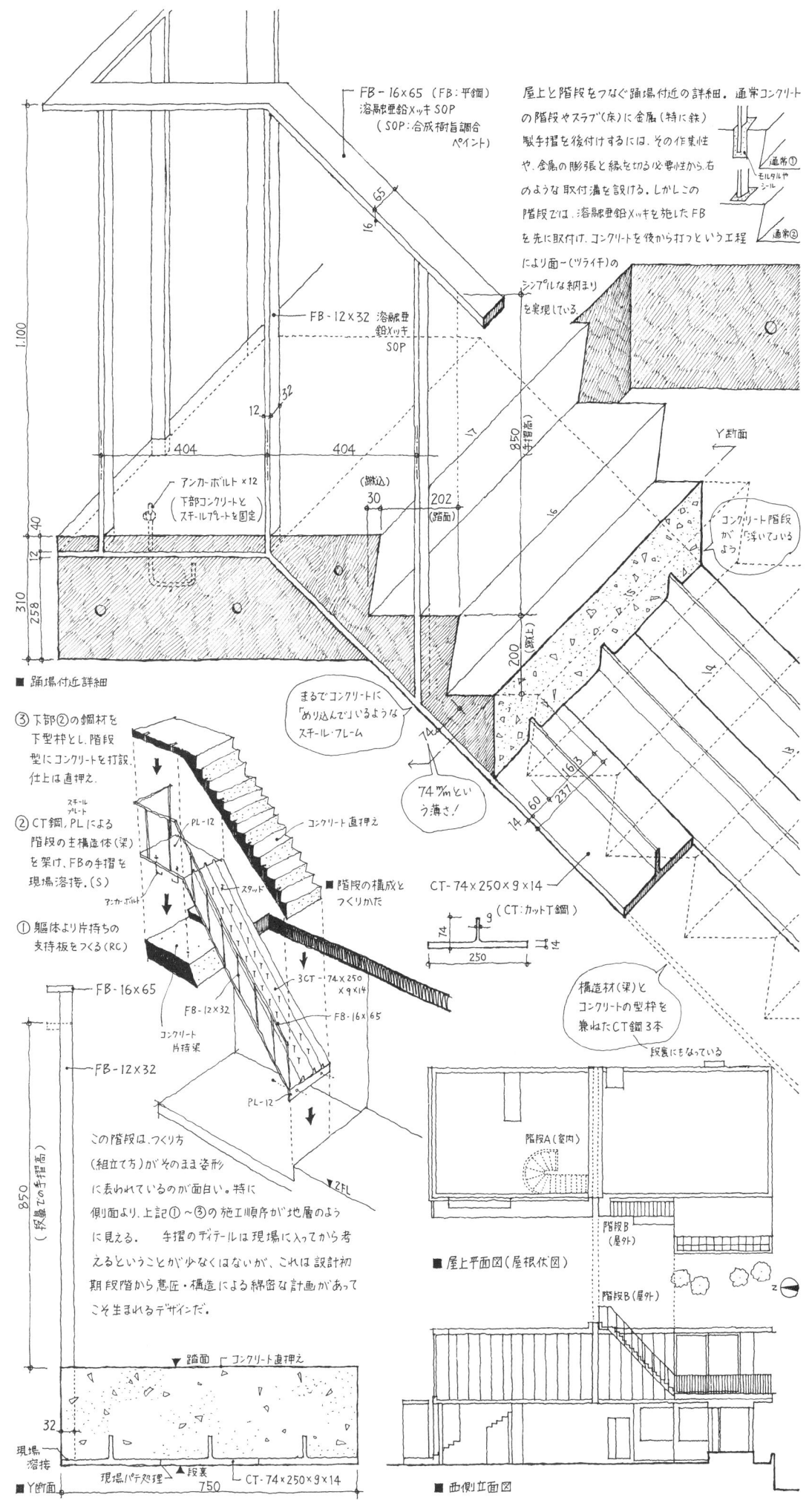

池田山の住宅（所在：東京都品川区）

「象嵌」という装飾文化がある。辞書には「金属・陶磁器・牙・木材などに、模様などを刻み込んで、そこに金・銀その他の材料をはめ込むこと。また、そのはめ込んだもの」とある。中国や日本の工芸や美術品にその技法を目にすることが多い。建築では、タージ・マハールの外壁に施されたラピスラズリや赤瑪瑙などの象嵌が有名である。異なる素材が隙間なく同一平面に、つまりフラットに納まっているものには、何ともいえない不思議な魅力を感じる。

建築やインテリアでも各種材料をフラットに納めたいと思うことはよくあることだ。しかし、異なる素材を隣り合わせにするときには決まって「見切り縁」「ちり」「目地」を要求される。細かい話だが、現場打ちコンクリートとボードが接する部分には、不陸（平らでないこと）が目立たないようにするために目地を設けなければならない。また、建具枠と壁材を突き付けで仕上げるときには、取合いを数ミリずらすことで「ちり」をつくり、視線を受け止める垂直線をつくるのである。つまり建築やインテリアにおいて、隙間なくフラットである場所はありそうでない。

ところがこの屋外階段はフラットだ。ぼんやり見ていると単なるコンクリートの外階段。しかしよくよく見るとそこには手摺のフラットバー（平鋼）が滲入している。さらには段裏の鉄板（正確にいうとCT鋼のフランジ面）が階段頂部の踊り場付近でコンクリートに飲み込まれていっているではないか！ またその鉄部断面に手摺子のフラットバーが接合し、鉄のフレームが一筆書きのように閉じている。これらの異種材料がまさに「象嵌」されたようにフラットであり、あたかも地層の断面のごとくスパッと切り落とされたような鋭さをもつ。どうしてこんなことになっているのか、ということはスケッチ内に詳述したが、重要なのはそれが装飾目的ではなく、スリムなコンクリート階段をつくるうえでの合理性の結果であるということだ。工芸品の「象嵌」は表層の細工であるのに対し、この階段は構造や施工のうえで必要とされたものが表面に滲み出しているという点で、中身と表面が直結している。

うまく言葉で表現しにくいが、この階段には「生々しさ」や「強さ」を感じる。表面に「目地」や「ちり」があると、どうしても表層でやりくりした感じが強くなってしまうのに対し、ここでは「象嵌」に見る断層の表情に、内在する構造や素材の奥行きを感じるからであろう。

建物の外壁面から持ち出したスラブに取り付き、外壁からは縁が切れたかたちで直階段が架かっている

渦 | 東京文化会館

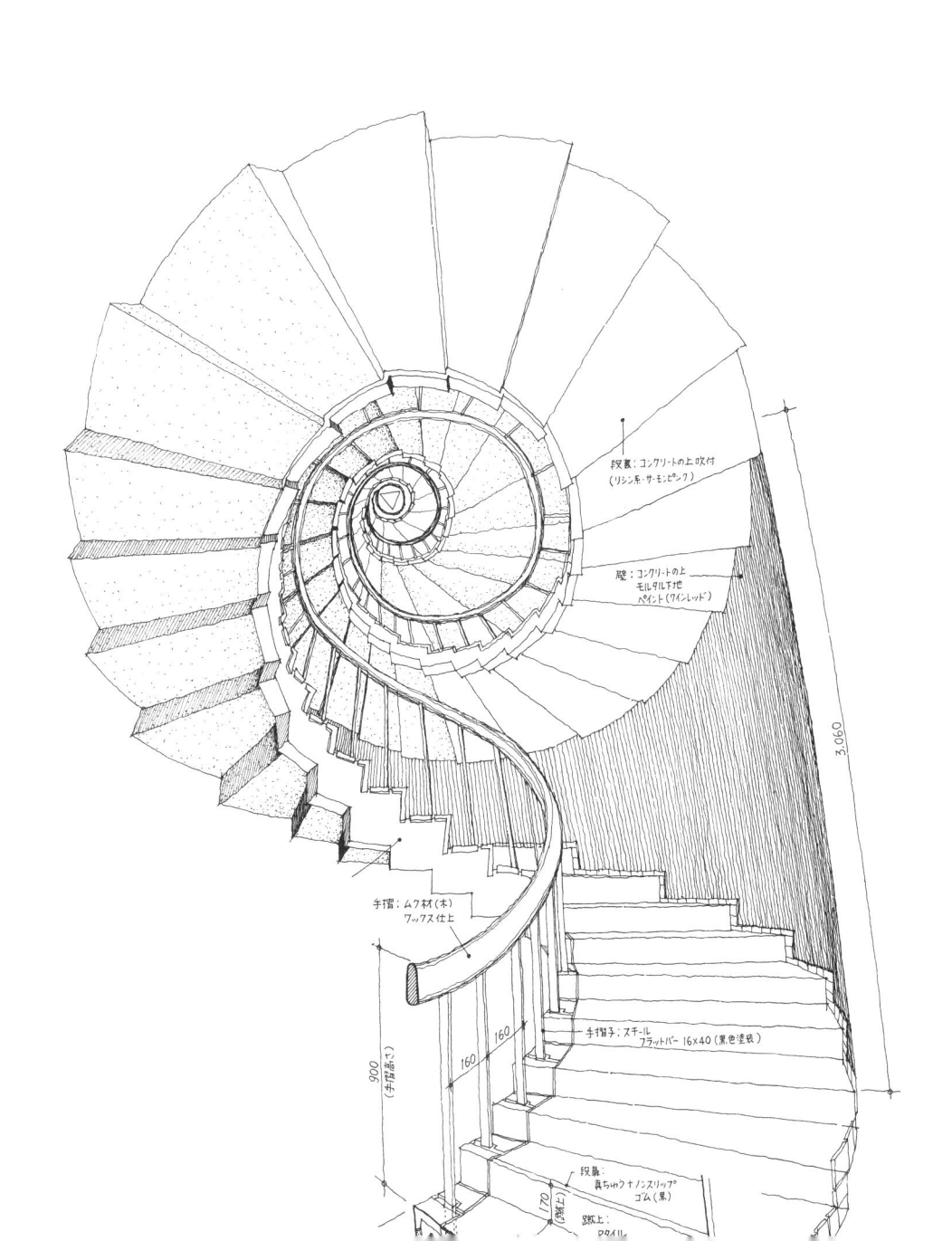

段裏：コンクリートの上吹付
（リシン系・ザ・モンピンク）

壁：コンクリートの上
モルタル下地
ペイント（ワインレッド）

3,060

手摺：ムク材（木）
ワックス仕上

手摺子：スチール
フラットバー 16×40（黒色塗装）

900
（手摺高さ）

160

160

160

段鼻：
真ちゅうノンスリップ
ゴム（黒）

170

（踏面上）

（蹴上）

タイル

渦巻く赤階段　東京文化会館 [1961年]　設計：前川國男

力強いコンクリートの躯体と、
柔らかな木のディテールによ
る構成が印象的な劇場建築
におけるシリンダー状の
階段空間。

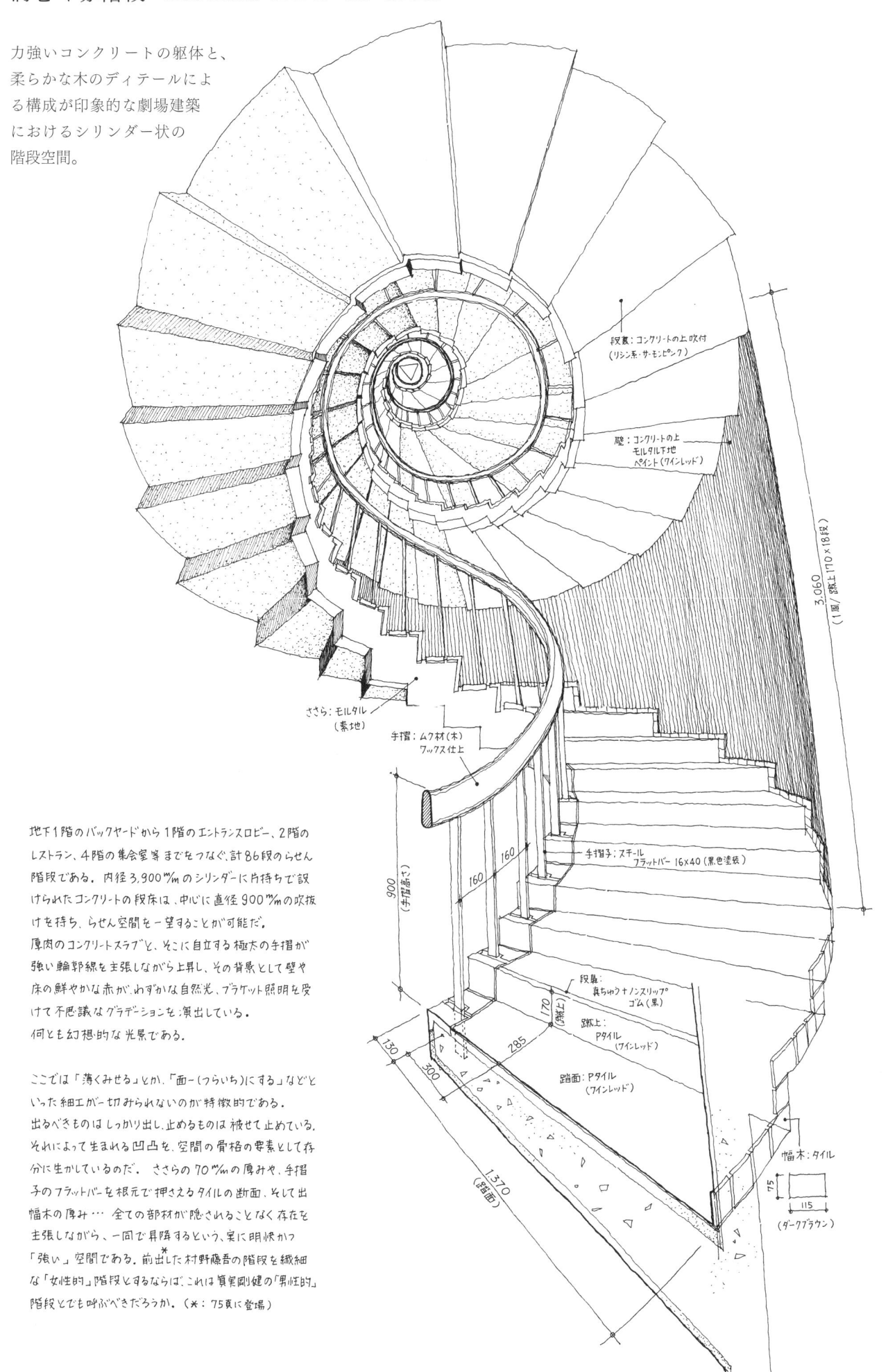

段裏：コンクリートの上吹付
（リシン系・サーモンピンク）

壁：コンクリートの上
モルタル下地
ペイント（ワインレッド）

3,060（1層／蹴上170×18段）

ささら：モルタル
（素地）

手摺：ムク材（木）
ワックス仕上

手摺子：スチール
フラットバー16×40（黒色塗装）

160　160　160

900（手摺高さ）

段鼻：
真ちゅうノンスリップ
ゴム（黒）

蹴上：
Pタイル
（ワインレッド）

170（蹴上）

踏面：Pタイル
（ワインレッド）

285

130　300

1,370（踏面）

幅木：タイル

75　115
（ダークブラウン）

地下1階のバックヤードから1階のエントランスロビー、2階の
レストラン、4階の集会室等までをつなぐ、計86段のらせん
階段である。内径3,900㎜のシリンダーに片持ちで設
けられたコンクリートの段床は、中心に直径900㎜の吹抜
けを持ち、らせん空間を一望することが可能だ。
厚肉のコンクリートスラブと、そこに自立する極太の手摺が
強い輪郭線を主張しながら上昇し、その背景として壁や
床の鮮やかな赤が、わずかな自然光、ブラケット照明を受
けて不思議なグラデーションを演出している。
何とも幻想的な光景である。

ここでは「薄くみせる」とか、「面一（つらいち）にする」などと
いった細工が一切みられないのが特徴的である。
出るべきものはしっかり出し、止めるものは被せて止めている。
それによって生まれる凹凸を、空間の骨格の要素として存
分に生かしているのだ。ささらの70㎜の厚みや、手摺
子のフラットバーを根元で押さえるタイルの断面、そして出
幅木の厚み… 全ての部材が隠されることなく存在を
主張しながら、一同で昇降するという、実に明快かつ
「強い」空間である。前出した村野藤吾の階段を繊細
な「女性的」階段とするならば、これは質実剛健の「男性的」
階段とでも呼ぶべきだろうか。（＊：75頁に登場）

92

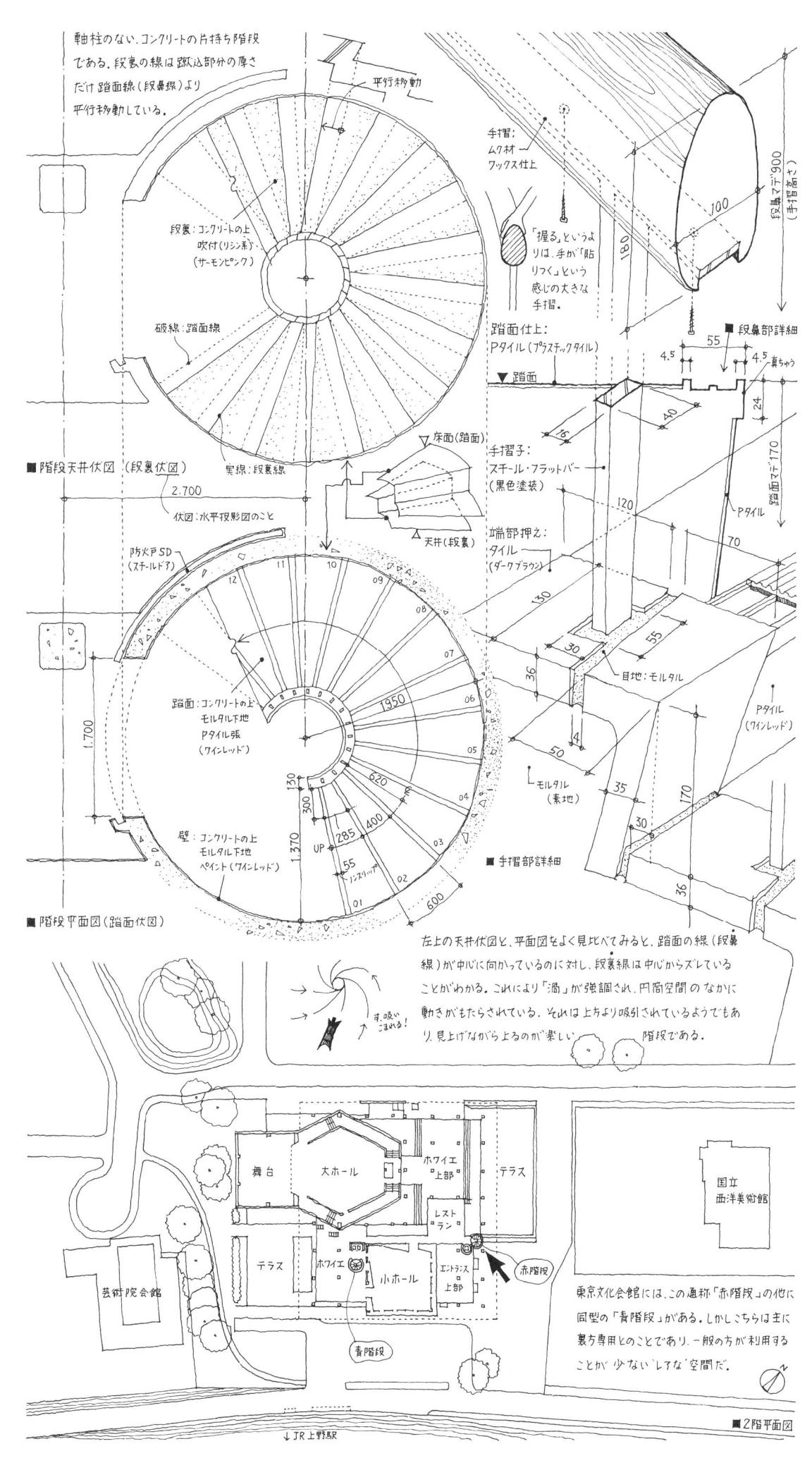

軸柱のない、コンクリートの片持ち階段
である。段裏の線は蹴込部分の厚さ
だけ 踏面線（段鼻線）より
平行移動している。

平行移動

手摺：
ムク材
ワックス仕上

「握る」というよ
りは、手が「貼
りつく」という
感じの大きな
手摺。

踏面仕上：
Pタイル（プラスチックタイル）

▼踏面

■段鼻部詳細

真ちゅう

段裏：コンクリートの上
吹付（リシン系）
（サーモンピンク）

破線：踏面線

手摺子：
スチール・フラットバー
（黒色塗装）

端部押え：
タイル
（ダークブラウン）

床面（踏面）

天井（段裏）

目地：モルタル

モルタル
（素地）

Pタイル
（ワインレッド）

■階段天井伏図　（段裏伏図）

2.700

伏図：水平投影図のこと

実線：段裏線

防火戸SD
（スチールドア）

踏面：コンクリートの上
モルタル下地
Pタイル張
（ワインレッド）

壁：コンクリートの上
モルタル下地
ペイント（ワインレッド）

1950

620

400

300

285

UP

55

ノンスリップ

600

■手摺部詳細

■階段平面図（踏面伏図）

す、吸い
こまれる！

左上の天井伏図と、平面図をよく見比べてみると、踏面の線（段鼻
線）が中心に向かっているのに対し、段裏線は中心からズレている
ことがわかる。これにより「渦」が強調され、円筒空間 のなかに
動きがもたらされている。それは上方より吸引されているようでもあ
り、見上げながらよるのが楽しい　　　　　階段である。

舞台

大ホール

ホワイエ
上部

テラス

国立
西洋美術館

レスト
ラン

テラス

ホワイエ

小ホール

エントランス
上部

赤階段

芸術院会館

青階段

東京文化会館には、この通称「赤階段」の他に
同型の「青階段」がある。しかしこちらは主に
裏方専用とのことであり、一般の方が利用する
ことが 少ない レアな 空間だ。

↓JR上野駅

■2階平面図

東京文化会館（所在：東京都台東区上野公園）

「日本にもこんな空間があるのか。しかも東京に」というのが、オーッという感嘆と同時に感じた第一印象である。これには二つの理由がある。一つはその空間構成の潔さと、もう一つはキチンと保存され続けているコンディションによる。

まずは空間構成について。とにかくこの円筒空間は赤い。最小限に抑えられた光量のなかで、踏面・蹴上げ・壁の赤がじわじわと奥深い光彩を放っている。特に見下ろしが強烈で、吹抜けから地下の奥底まで続く赤い螺旋の様は、ここはスペイン？と錯覚してしまうほど彫塑的で魅惑的だ。

見上げはまた別の表情を見せているのが興味深い。通常のらせん階段では、蹴上げ線が円弧の中心に収束し、段裏もそれに倣うことで求心性の高い場所ができてしまう。ところがこの階段はそうでもない。コンクリートの壁から片持ちで張り出した段床がスパイラル状に積層した構造形式をとっているため、蹴上げ面から構造上必要な厚みだけ平行移動した垂直面が段裏を形成する。それが円弧の中心からズレており、ちょうど船のスクリューのような格好に見えるからだ。その回転性と片持ち段板の裏面に見るテーパー（面の傾斜）の連続が醸し出す上昇性が、いまにも天空に吸い上げ

られてしまいそうな力を生みだしている。ややもすると息詰まる閉鎖空間になってしまいがちな円筒階段において、中心に吹抜けをつくり、階段のリズムに上昇回転運動を与えることで開放感をあおり、足取りが軽くなるような浮力をもった場所に仕立てている。

続いて保存について。竣工から30〜50年経つ戦後のモダニズム建築を訪れるたびに、空間性を維持し続けることの難しさを痛感する。時代の変容とともに建築の使われ方も変化し、それに対応しきれなくなっているのだ。案内サインや掲示板、貼り紙、手摺の追加などはまだマシなほうで、補修や再塗装による色やテクスチャーの変更など、オリジナルの片鱗すら探すことが難しくなっている建築も多い。

その点、完成から半世紀近くが経過した東京文化会館は大切に扱われていた。1999年に大改修が行われたということで、事前に竣工当時の図面や写真に目を通してから取材したのだが、どこを改修したのかわからないほど"前川國男の建築"であった。赤階段についてもほぼ原形をとどめており、それはオリジナルに十分な敬意を払った改修の結果である。おそらく大小二つのホールと同様に、空間の自己完結性が高い、特別な領域だからなのだろう。

直線が重なり渦巻くささらと段裏に、木製の肉感的な手摺が添えられ上昇感をあおっている

壁｜早稲田大学所沢キャンパス

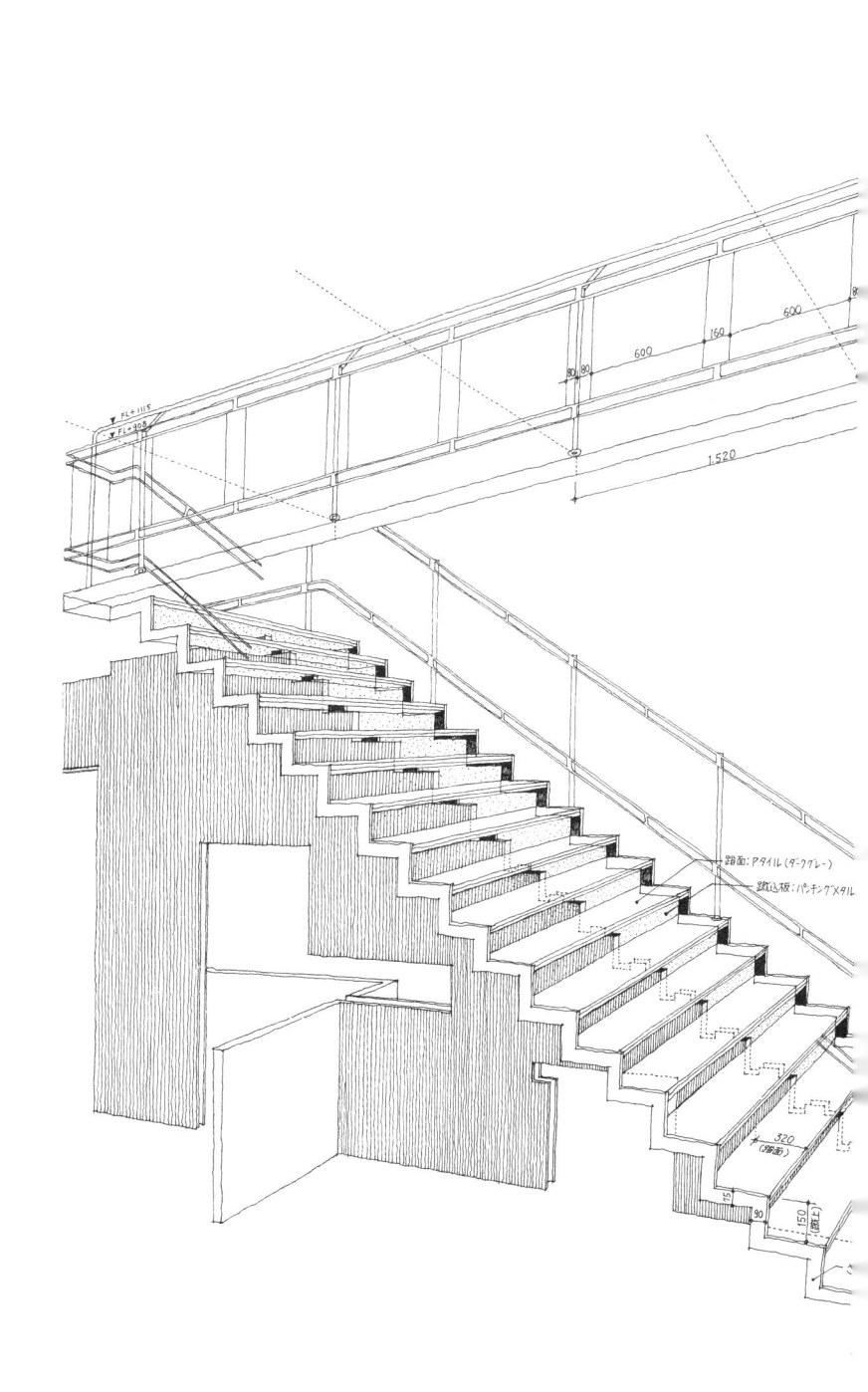

透明な壁階段　早稲田大学所沢キャンパス [1987年]　設計：池原義郎研究室

夥しい白亜の壁が中央に向かってとぐろを巻くように結集する
建築のなかで、「入れ子」の如く壁による構成をもった階段。

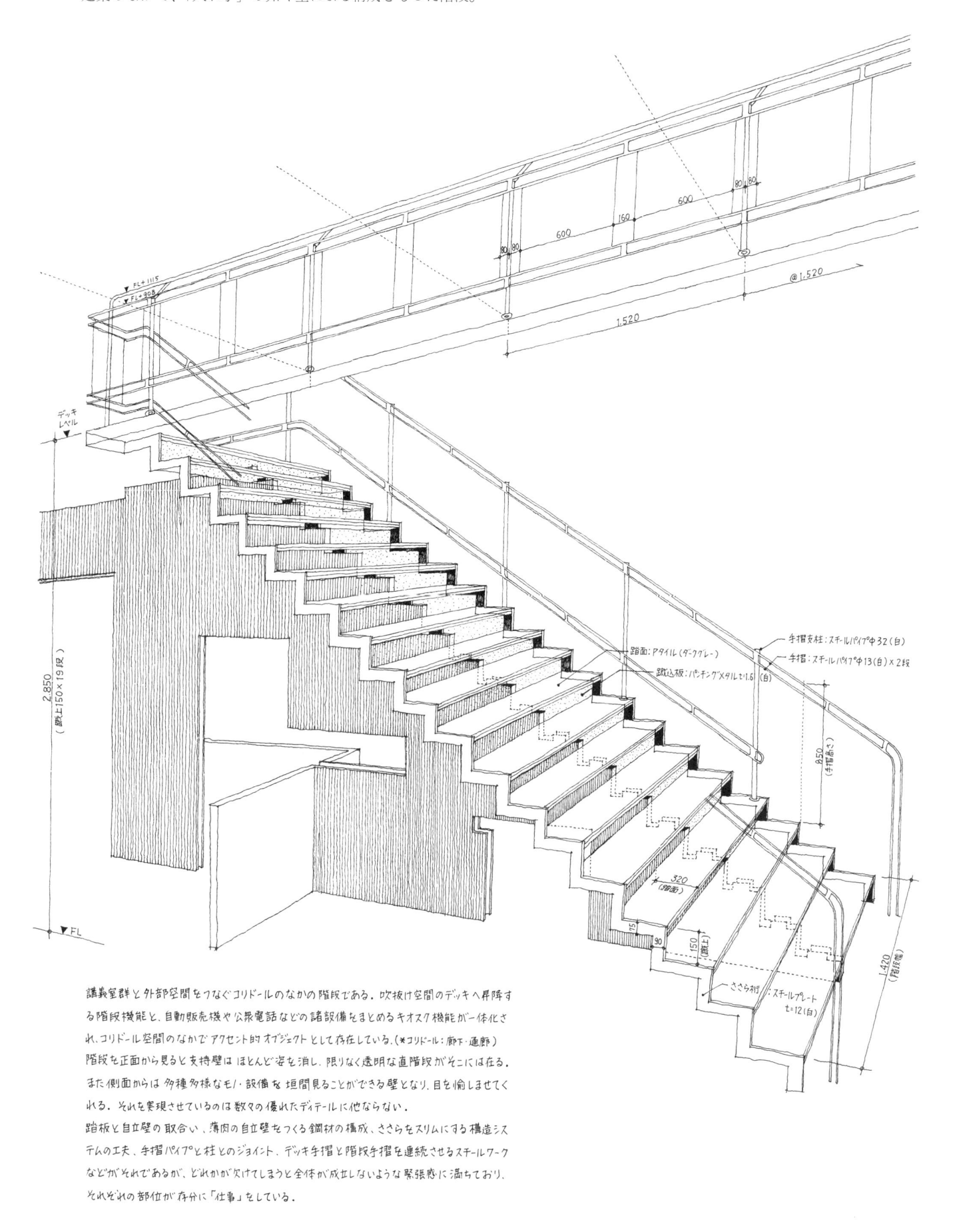

講義室群と外部空間をつなぐコリドールのなかの階段である。吹抜け空間のデッキへ昇降す
る階段機能と、自動販売機や公衆電話などの諸設備をまとめるキオスク機能が一体化さ
れ、コリドール空間のなかでアクセント的オブジェクトとして存在している。(＊コリドール：廊下・通廊)
階段を正面から見ると支持壁はほとんど姿を消し、限りなく透明な直階段がそこには在る。
また側面からは多種多様なモノ・設備を垣間見ることができる壁となり、目を愉しませてく
れる。それを実現させているのは数々の優れたディテールに他ならない。
踏板と自立壁の取合い、薄肉の自立壁をつくる鋼材の構成、ささらをスリムにする構造シス
テムの工夫、手摺パイプと柱とのジョイント、デッキ手摺と階段手摺を連続させるスチールワーク
などがそれであるが、どれかが欠けてしまうと全体が成立しないような緊張感に満ちており、
それぞれの部位が存分に「仕事」をしている。

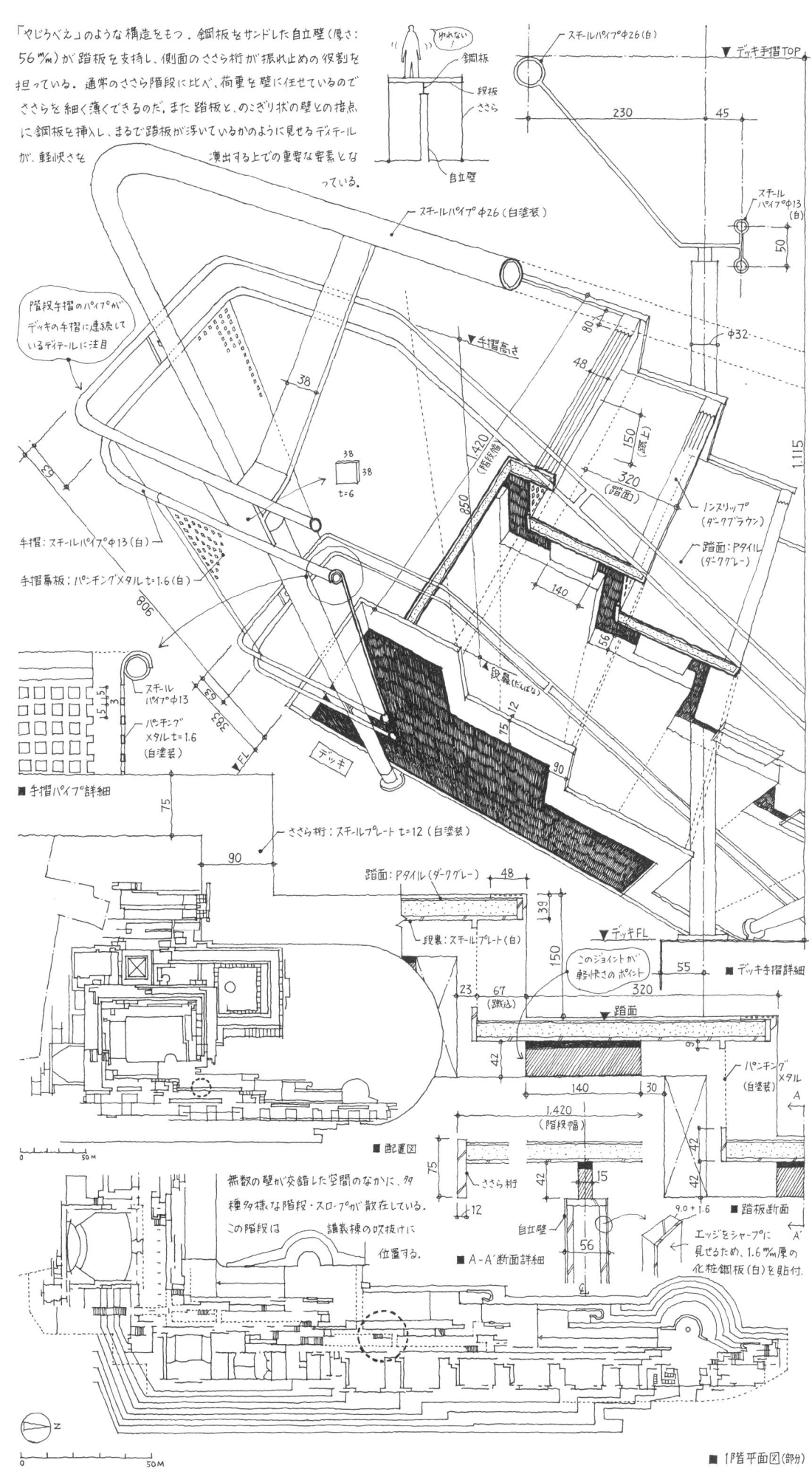

「やじろべえ」のような構造をもつ．鋼板をサンドした自立壁（厚さ：56㎜）が踏板を支持し、側面のささら桁が振れ止めの役割を担っている。通常のささら階段に比べ、荷重を壁に任せているのでささらを細く薄くできるのだ。また踏板と、のこぎり状の壁との接点に鋼板を挿入し、まるで踏板が浮いているかのように見せるディテールが、軽快さを演出する上での重要な要素となっている。

ゆれない
鋼板
踏板
ささら
自立壁

スチールパイプφ26（白）
▼デッキ手摺TOP
230　45
スチールパイプφ13（白）
50
80
φ32
48
150（踏上）
320（踏面）
▼手摺高さ
1,115
ノンスリップ（ダークブラウン）
踏面：Pタイル（ダークグレー）
140
56

階段手摺のパイプがデッキの手摺に連続しているディテールに注目

スチールパイプφ26（白塗装）

38
38
38
t=6

手摺：スチールパイプφ13（白）
手摺幕板：パンチングメタル t=1.6（白）

スチールパイプφ13
パンチングメタル t=1.6（白塗装）

■手摺パイプ詳細

段鼻（だんばな）
75
12
90

ささら桁：スチールプレート t=12（白塗装）

踏面：Pタイル（ダークグレー）　48
段裏：スチールプレート（白）
139
150
23　67（蹴込）
42
140　30

▼デッキFL
このジョイントが軽快さのポイント
55
320
踏面
■デッキ手摺詳細
9
パンチングメタル（白塗装）
A
42
42

■配置図
0　50M

無数の壁が交錯した空間のなかに、多種多様な階段・スロープが散在している。この階段は　　講義棟の吹抜けに位置する。

1,420（階段幅）
75
ささら桁
12
自立壁
42
15
56
■A-A′断面詳細

9.0＋1.6　■踏板断面
エッジをシャープに見せるため、1.6㎜厚の化粧鋼板（白）を貼付。
A′

z
0　50M

■1F階平面図（部分）

早稲田大学所沢キャンパス（所在：埼玉県所沢市三ヶ島）

この建築は何枚の壁でできているだろうか。とにかく壁、壁、壁である。孔が穿たれた壁、端部で2枚に分かれた壁、大地から切り離され浮遊している壁……。それらが折り重なり、交錯し、あるいは貫通することにより幾多の空間が形づくられている。この建築に侵入できた光は、さぞたのしかろうと思う。孔を突き抜け無数のリフレクションをくり返し、時には寸断され、時にはジワッとグラデーションを描くなど、ありとあらゆる運動ができるのだから。

池原義郎は、以前も壁を用いて"奥をつくる"建築（勝浦の家）や、"賑やかなコリドールをつくる"建築（西武園遊園地）を多々実践してきたが、所沢キャンパスはその二つが十分に結実したものに見える。特に講義棟から食堂へと至る長さ240mにも及ぶ屈曲した回廊は、その結晶体といえよう。

直線部分だけでも100m以上の奥行きをもつコリドール（歩廊）は、幅約10m、天井高約7m以上もある、ゆとりのある空間だ。ここには講義室の出入口を兼ねるアルコーブや外光を取り入れる開口部、トップライトなどの孔が数多く散在している。また中2階レベルのデッキが片持ちで並行し、水平の壁として扱われている。そしてデッキにつながるいくつかの階段が、全体の中で空間に密度を与える役割を担う。

階段も壁による構成だ。荷重を受ける薄い構造壁と、踏み板の水平壁の接点の扱いが他の壁と同質であることにより、そう判断できる。池原は「接点」に特に気を使う建築家である。壁と壁をベタッとくっつけたりはせず、少しずらしたり、欠き込みを入れたりすることが多く、1枚の壁を自立したものとして扱っている。踏み板を自立した水平壁として扱う姿勢が、自立壁との接点に凝縮されており、フラットバーによる「点支持」がそれを物語る。

しかし自立した壁の集合体だけでは空間が落ち着かず、デ・スティル*のように運動性・拡散性が強い場になってしまう。そこで手摺の登場である。通常、高さ850mm程度の階段手摺と、1,100mmの高さのデッキ手摺をつなげるのは厄介なこと。しかし、ここでは階段手摺をデッキの落下防止用幕板の支持パイプとして機能をシフトさせ、手摺棒は別途用意するという、老練なディテールを見せている。つまり線材を自然に連続させることに徹し、壁が自立し浮遊している動的空間の中で全体をまとめる静かな秩序を生んでいるのだ。動と静がプロポーションよくまとめられた空間である。

＊直線と面の分割、色彩の対比に調和の美を求めるオランダの造形運動

ささらや手摺パイプなど、構成する部材はどれも細く薄いものばかりであるが、実際の昇降には安定感がある

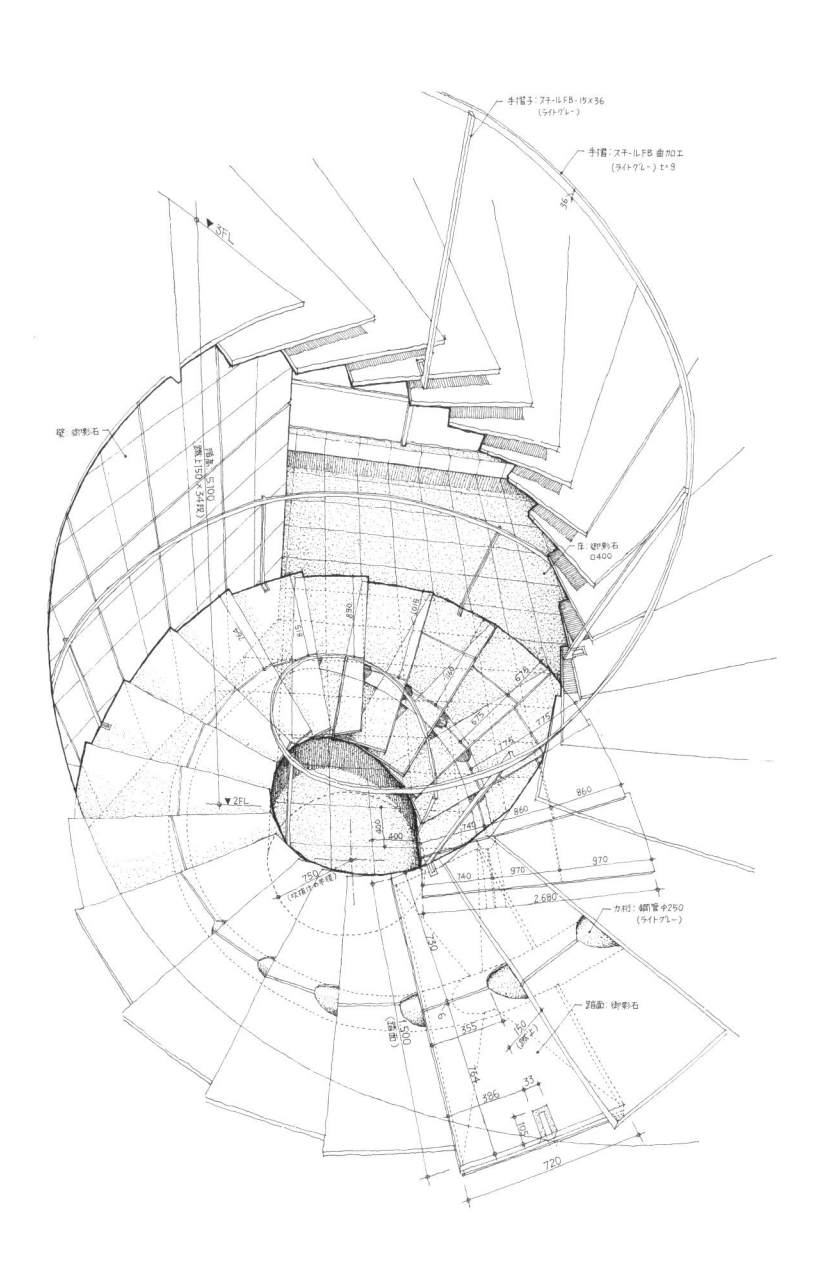

メゾンに舞い降りる階段　ミズレイコ TOKYO［1997年］　設計：葉デザイン事務所

スパイラル状の力桁のみで支持された各段が、
らせん状に取り付けられたシンプルな形式であ
るが、段板を極力薄く見せる工夫に満ちている。

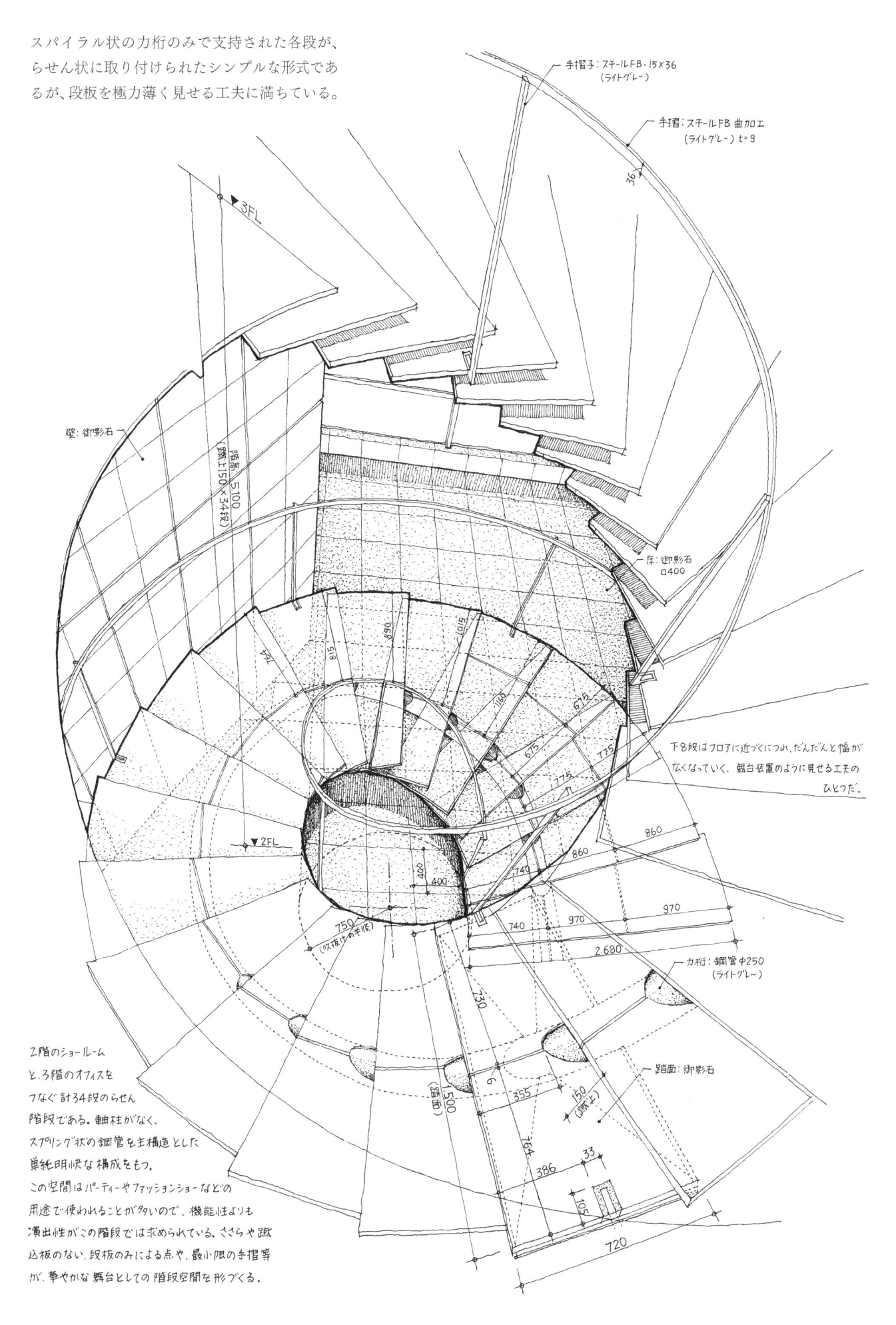

2階のショールーム
と、3階のオフィスを
つなぐ計3.4段のらせん
階段である。軸柱がなく、
スプリング状の鋼管を主構造とした
単純明快な構成をもつ。
この空間はパーティーやファッションショーなどの
用途で使われることがタイので、機能性よりも
演出性がこの階段では求められている。ささらや蹴
込板のない、段板のみによる点や、最小限の手摺等
が、華やかな舞台としての階段空間を形づくる。

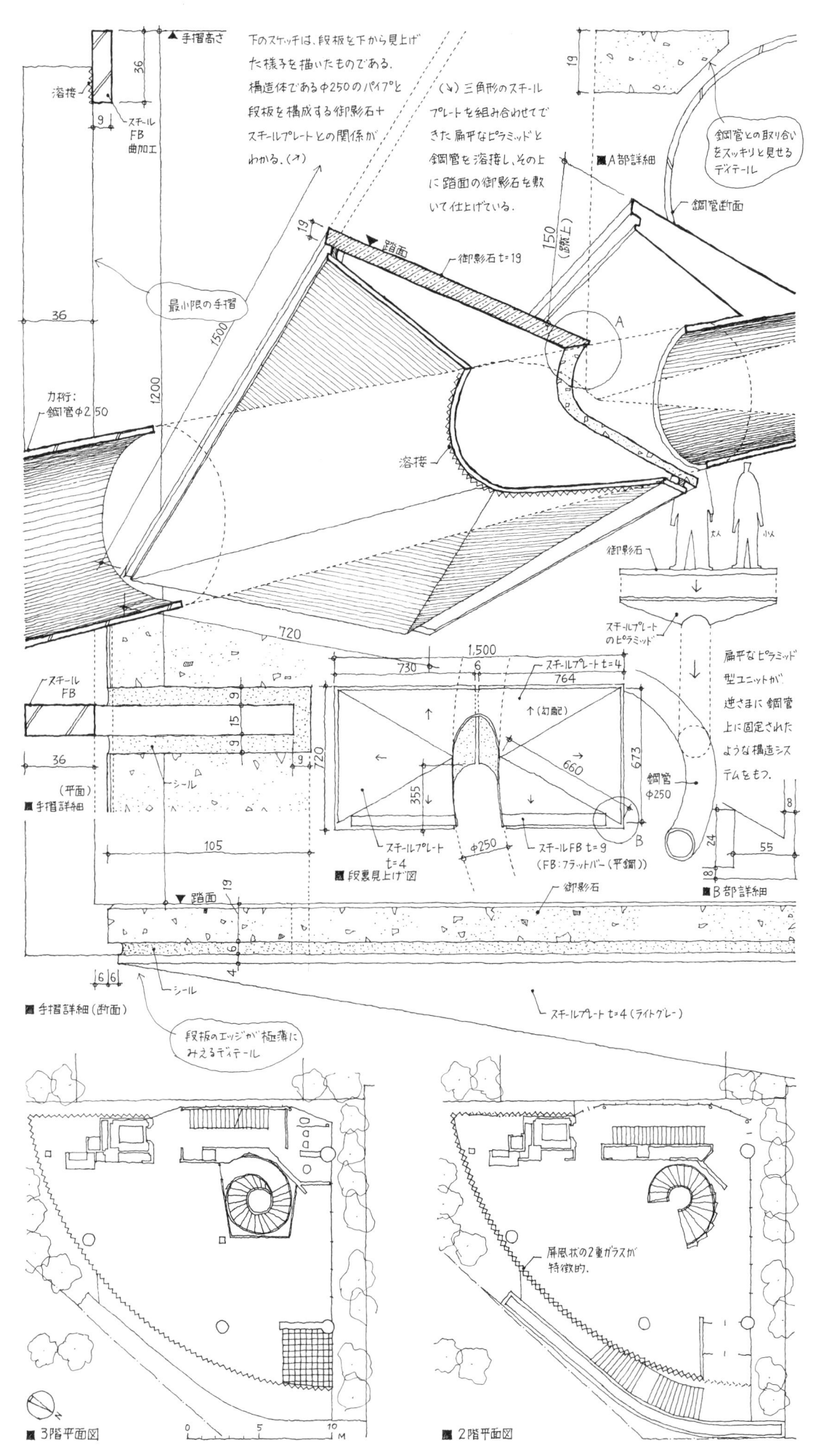

ミズレイコ TOKYO（所在：東京都渋谷区鉢山町）

オートクチュール（高級注文服）が隆盛を誇った19世紀のパリでは、服飾のプレゼンテーションは「メゾン」と呼ばれるサロンにて行われていた。ことにこのメゾンでは、モデルが華麗に振る舞うための階段が必須であったと聞く。オーダーメイドのデザインを貴婦人たちに披露する場として、アール・ヌーヴォースタイルの優美な階段は格好の舞台装置であったのだ。

やがて社会情勢は変化し、大富豪の顧客が減少、働く女性の増加等の理由によりメゾンは多様化を余儀なくされる。既製服としてのプレタポルテ部門をもち、また香水・スカーフなどの小物販売を始め、メゾンの空間性はかつての「劇場型」から「マーケット型」へと変化することとなった。

さて時代は20世紀末。アパレル産業のミズレイコは、葉祥栄に本部ビルの設計を依頼した。ここで葉は「スペースを媒体（メディア）として交流することを意図」*し、単なる本社ビル機能を超えた、広く社会と交信する場として計画している。

実際ショールームと名付けられた2階のスペースは多目的に使用され、結婚式やパーティー会場としても貸し出される。ミズレイコはプレタポルテのデザイナーであるが、ここに据え付けられた階段のもつ優美性や、現代社交の場としての空間性を鑑みると、もしやココは現代のメゾン？とでも思えてしまうほど空間構造が似ており、古き良き時代のメゾンを現代版にアレンジしたようにも映る。

そんな現代版メゾンの階段はミニマルながらも優雅だ。要素は最小限に抑えられており、本体はスパイラル状の鋼管力桁と段板のみ。それに平鋼の繊細な手摺が添えられているという構成である。

どちらかというと下から見上げるよりは、見下ろした方がよさそうなので、階段を3階から何度も降りてみた。まず構造体が一切見えないことに驚く。まるで器用にトランプを広げたように数々の段板が浮いている。そこでは天から舞い降りてくる石盤上を歩いているような歩行感を覚え、浮遊している御影石の瑞々しい光沢のうつろいを眺めながら2階のフロアにゆっくりと降りていく気分は、まさに主役さながらだ。

かつてのメゾン階段と違う点を挙げるとすれば、その華やかさが非装飾的でシンプルなものでできているということと、その舞台性が見る側ではなく見られる側を尊重している点であろうか。新郎新婦やモデルが、気持ちよく観衆の前に「舞い降りる」階段なのである。

*「恣意性の消去」『GA JAPAN』30号、1998年

段板が御影石にもかかわらず、わずか19mmの厚さしか見えないようなディテールの工夫により、軽快さと優雅さを兼ね備えた階段を実現している

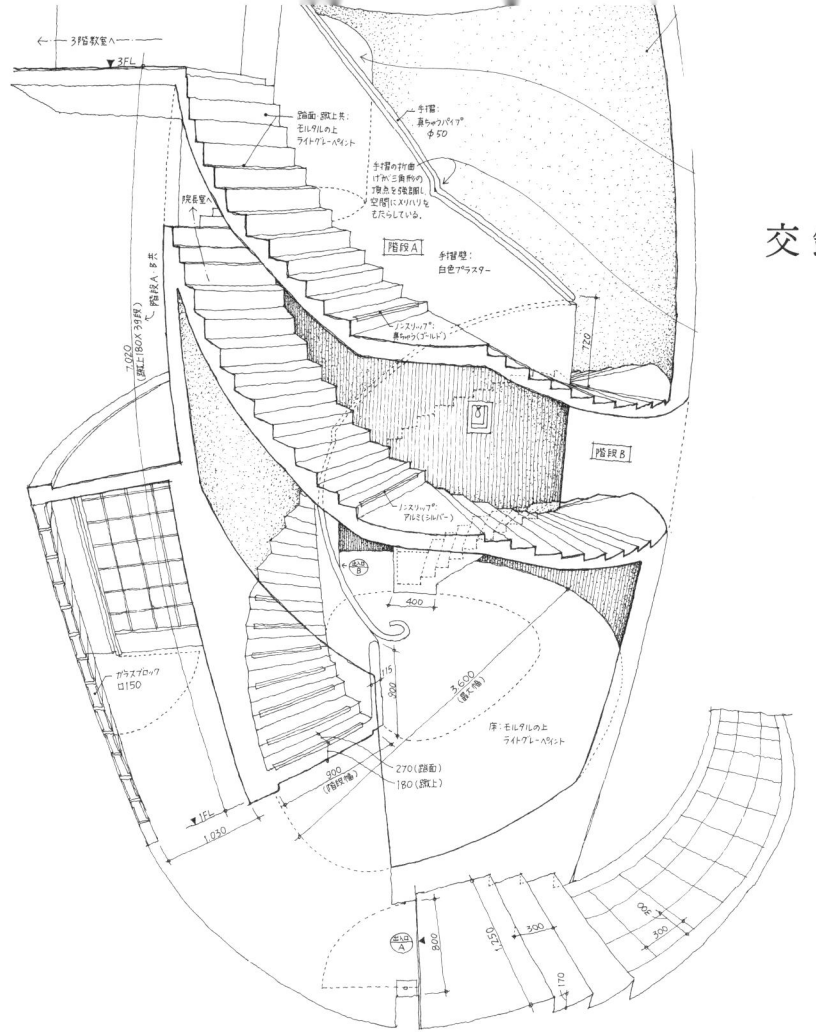

交錯｜旧東京日仏学院
（現アンスティチュ・
フランセ東京）

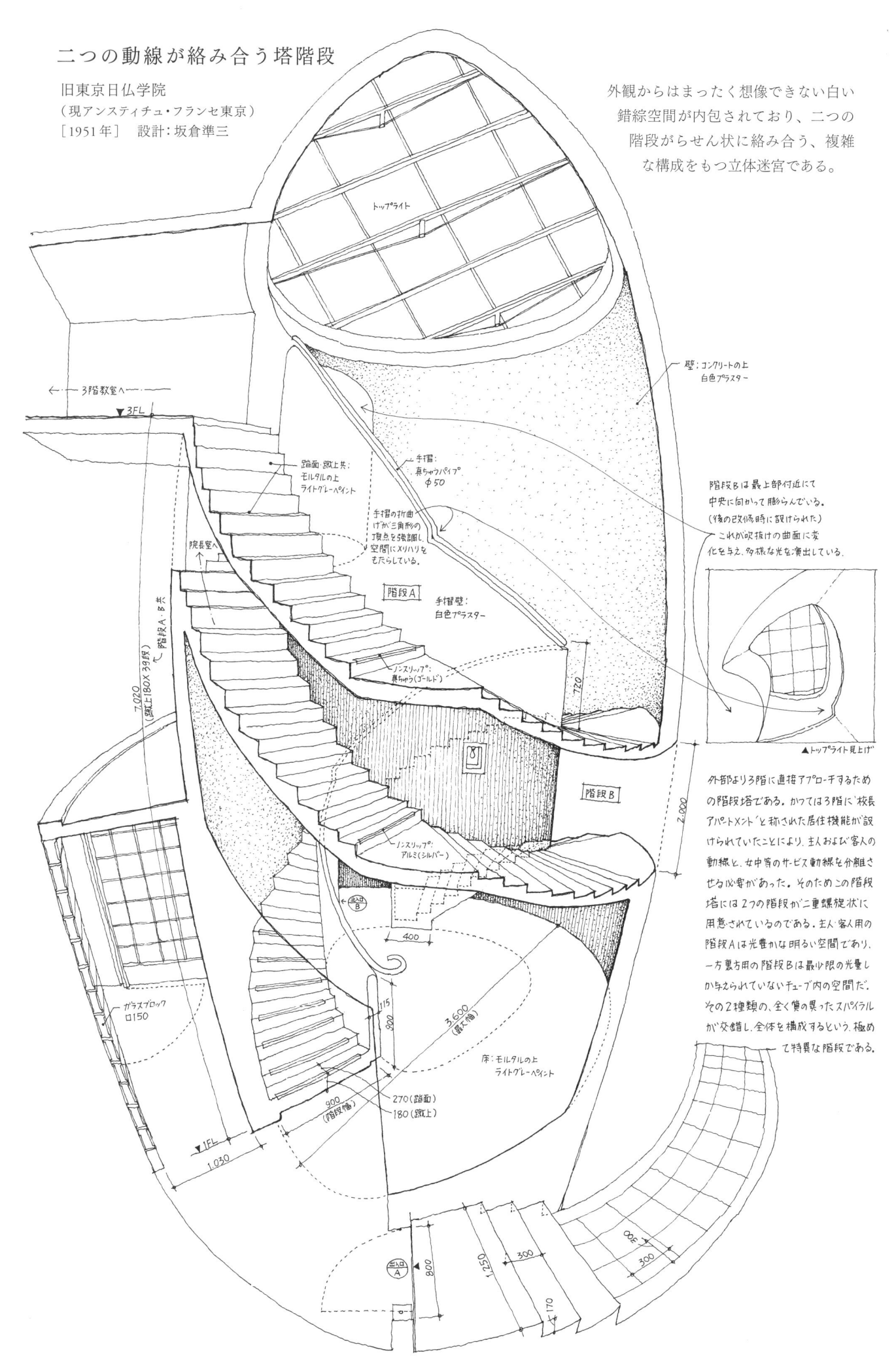

二つの動線が絡み合う塔階段

旧東京日仏学院
（現アンスティチュ・フランセ東京）
［1951年］　設計：坂倉準三

外観からはまったく想像できない白い
錯綜空間が内包されており、二つの
階段がらせん状に絡み合う、複雑
な構成をもつ立体迷宮である。

壁：コンクリートの上
白色プラスター

← 3階教室へ ─────

3FL

踏面・蹴上共：
モルタルの上
ライトグレーペイント

手摺：真ちゅうパイプ
φ50

手摺の折曲
げが三角形の
頂点を強調し、
空間にメリハリを
もたらしている。

階段 A

手摺壁：
白色プラスター

院長室へ

階段 A・B 共

蹴上180×39段

ノンスリップ：
真ちゅう（ゴールド）

階段 B は最上部付近にて
中央に向かって膨らんでいる。
（後の改修時に設けられた）
これが吹抜けの曲面に変
化を与え、多様な光を演出している。

▲トップライト見上げ

外部より3階に直接アプローチするため
の階段塔である。かつては3階に「校長
アパートメント」と称された居住機能が設
けられていたことにより、主人および客人の
動線と、女中等のサービス動線を介離さ
せる必要があった。そのためこの階段
塔には2つの階段が二重螺旋状に
用意されているのである。主人・客人用の
階段Aは光豊かな明るい空間であり、
一方裏方用の階段Bは最少限の光量し
か与えられていないチューブ内の空間だ。
その2種類の、全く質の異ったスパイラル
が交錯し、全体を構成するという、極め
て特異な階段である。

ノンスリップ：
アルミ（シルバー）

出入口 B

階段 B

400

115

900

3,600
（最大幅）

床：モルタルの上
ライトグレーペイント

ガラスブロック
□150

270（踏面）
180（蹴上）

900
（階段幅）

1FL

1,030

出入口 A

800

1,250

170

300

300

104

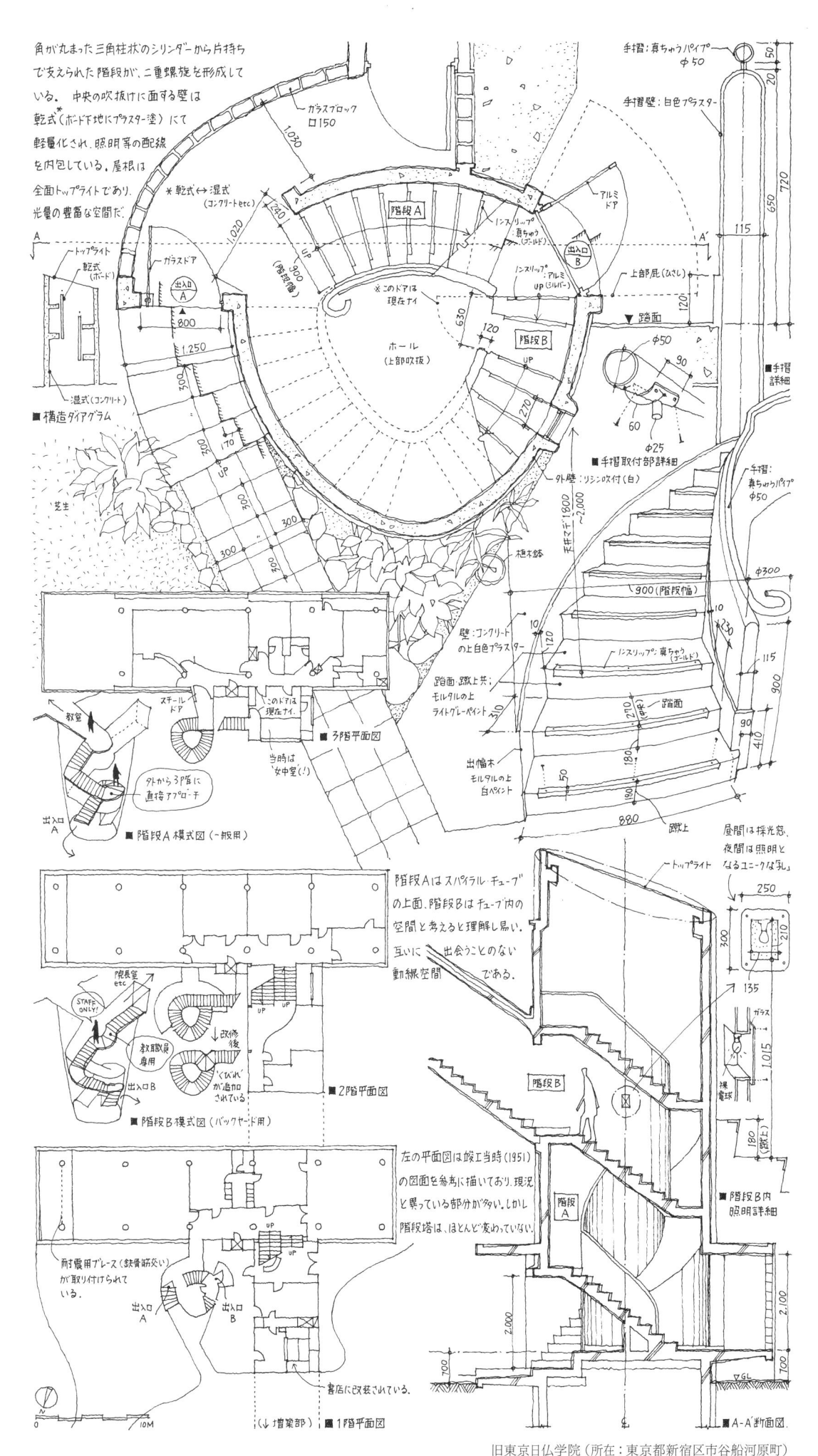

旧東京日仏学院（所在：東京都新宿区市谷船河原町）

「トポロジー」という位相幾何学*では、人体の口から食道、胃、小腸、大腸そして肛門までのルートは「外部」であり、それ以外の部分は「内部」である。つまりドーナツのリング内は、例えば虫が通過できる「外部」であるように、人体に空けられた長い孔は「外部」だとする概念。なるほど食物は一見体内に取り込まれているようだが、口から食道を通過し、胃で栄養摂取され、腸で不要老廃物に変化する過程が、実はすべて「外部」で行われているという見方も可能だ。「トポロジー」ではドーナツも取っ手のついたコップも、そして人体も同じ立体のタイプとして見なすことができ、それはものの見方として興味深い。

「旧東京日仏学院」の階段塔は二つの階段が絡み合う複雑な空間であり、昇降体験からその空間構成を理解するのはなかなか難しいのであるが、「トポロジー」はその理解を助けてくれる。おむすび形の平面をもつシリンダーの中に人体に見るような長い孔が空いている、と考えてみてほしい。それもスパイラル状に。

前頁の「階段B」(以下B)は3階と外部とを直接結ぶ階段空間である。このチューブが外壁に沿って巻き付いており、1本のトンネルを形成している。この階段は、ヒトひとりが昇降するための寸法しかもたない最小限のチューブだ。光も吹抜けに面した小窓によるわずかな間接光のみ。これを腸などの「外部」と見るならば、「階段A」(以下A)および吹抜けの空間は体内である。Bを全体から引き算した残りの領域であるAはチューブ上を歩行するルートであり、つまり体内にて胃腸の上を歩いているようなものだ。この胃腸が吹抜けを屈曲し、上昇する様は体内空間を彷彿とさせる。

60年以上も前に校長や客人が使用する「ハレ」の空間として計画された主階段であるAは、学生が教室へとアプローチする階段へと機能転化した現在でも、まばゆいばかりの白とゴールド(手摺・段鼻の真ちゅう色)が優雅で柔らかい空気を演出し続けている。一方の「ケ」であるBは裏方階段であり、機能的に「外部」動線である。

外部動線を別途外階段として設けることなく、主階段と絡めて計画したところがこの階段塔の最も特徴的で面白いところだ。AB二つの領域がそれぞれ機能性を保持しながらムダなく全体を構成し、有機的な表情をつくりだしている様子は、よく出来た人体の美しさに通じるものがある。「トポロジー」に見る構成の相似を思うと、さらにそう感じてしまうのである。

*伸縮させても変わらない、空間の「つながり」を研究する学問

緩やかな弧を描く三角の平面と壁のなだらかな曲線が、全体をやさしい
印象に仕立てており、手摺の金色の鈍い光沢が上質さを加えている

積む｜旧ＮＣＲビル（現日本財団ビル）

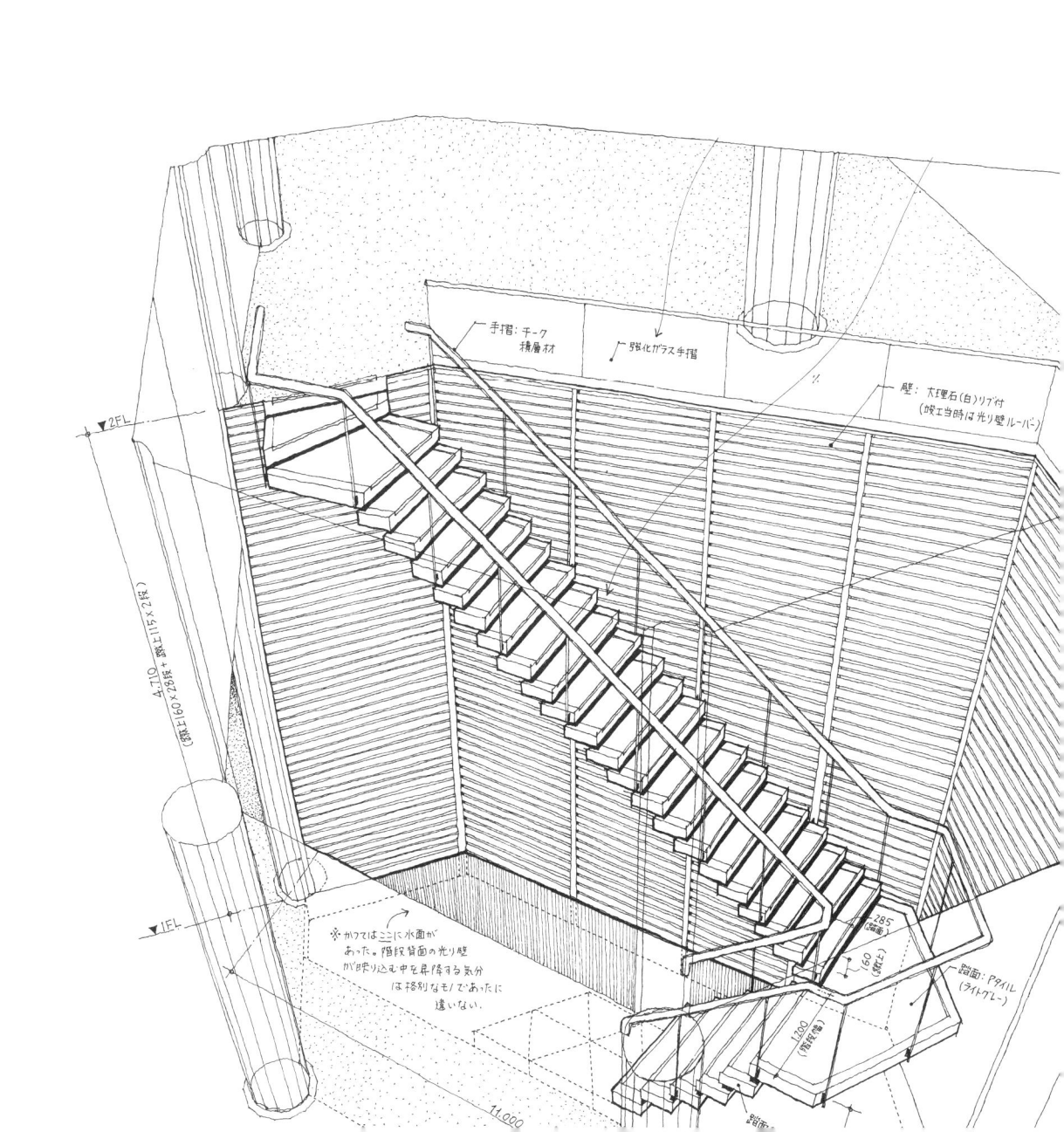

木塊が漂う幻想的階段　旧NCRビル（現日本財団ビル）［1962年］　設計：吉村順三

まるでエッシャーのドローイングに見られるような、現実や日常性を
一切消去し「純粋な階段像」を追究したかのような階段。

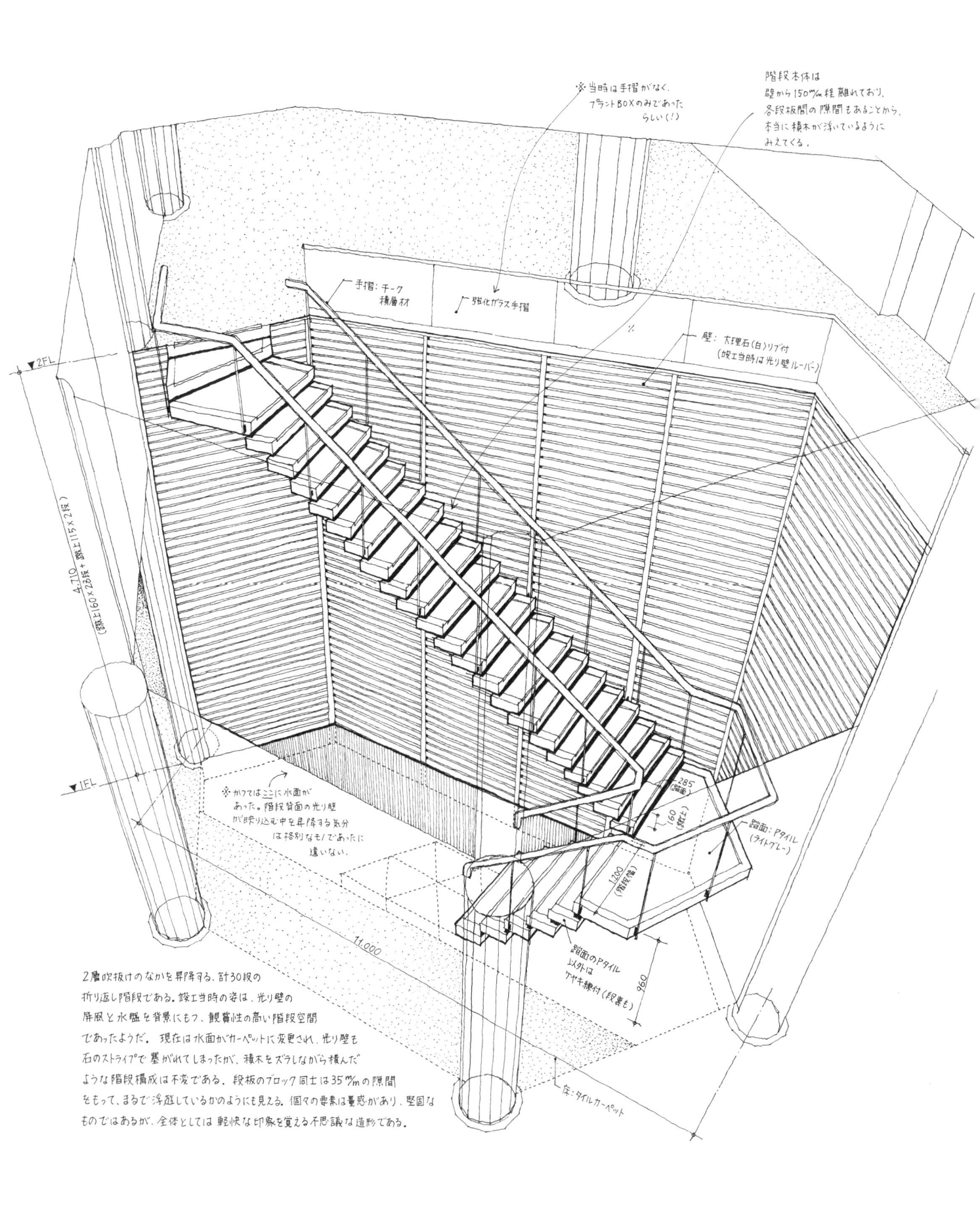

※当時は手摺がなく、
プラントBOXのみであった
らしい（！）

階段本体は
壁から150㎜程離れており、
各段板間の隙間もあることから、
本当に積木が浮いているように
みえてくる。

手摺：チーク
積層材

強化ガラス手摺

壁：大理石（白）リブ付
（竣工当時は光り壁ルーバー）

▼2FL

（蹴上160×28枚＋蹴上115×2段）4,710

▼1FL

※かつてはここに水面が
あった。階段背面の光り壁
が映り込む中を昇降する気分
は格別なモノであったに
違いない。

285（踏面）

160（蹴上）

踏面：Pタイル
（ライトグレー）

1,200（踏巾／階段）

960

踏面のPタイル
以外は
ケヤキ練付（段裏も）

床：タイルカーペット

11,000

2層吹抜けのなかを昇降する、計30段の
折り返し階段である。竣工当時の姿は、光り壁の
屏風と水盤を背景にもつ、観賞性の高い階段空間
であったようだ。現在は水面がカーペットに変更され、光り壁も
石のストライプで墨がれてしまったが、積木をズラしながら積んだ
ような階段構成は不変である。段板のブロック同士は35㎜の隙間
をもって、まるで浮遊しているかのようにも見える。個々の要素は量感があり、堅固な
ものではあるが、全体としては軽快な印象を覚える不思議な造形である。

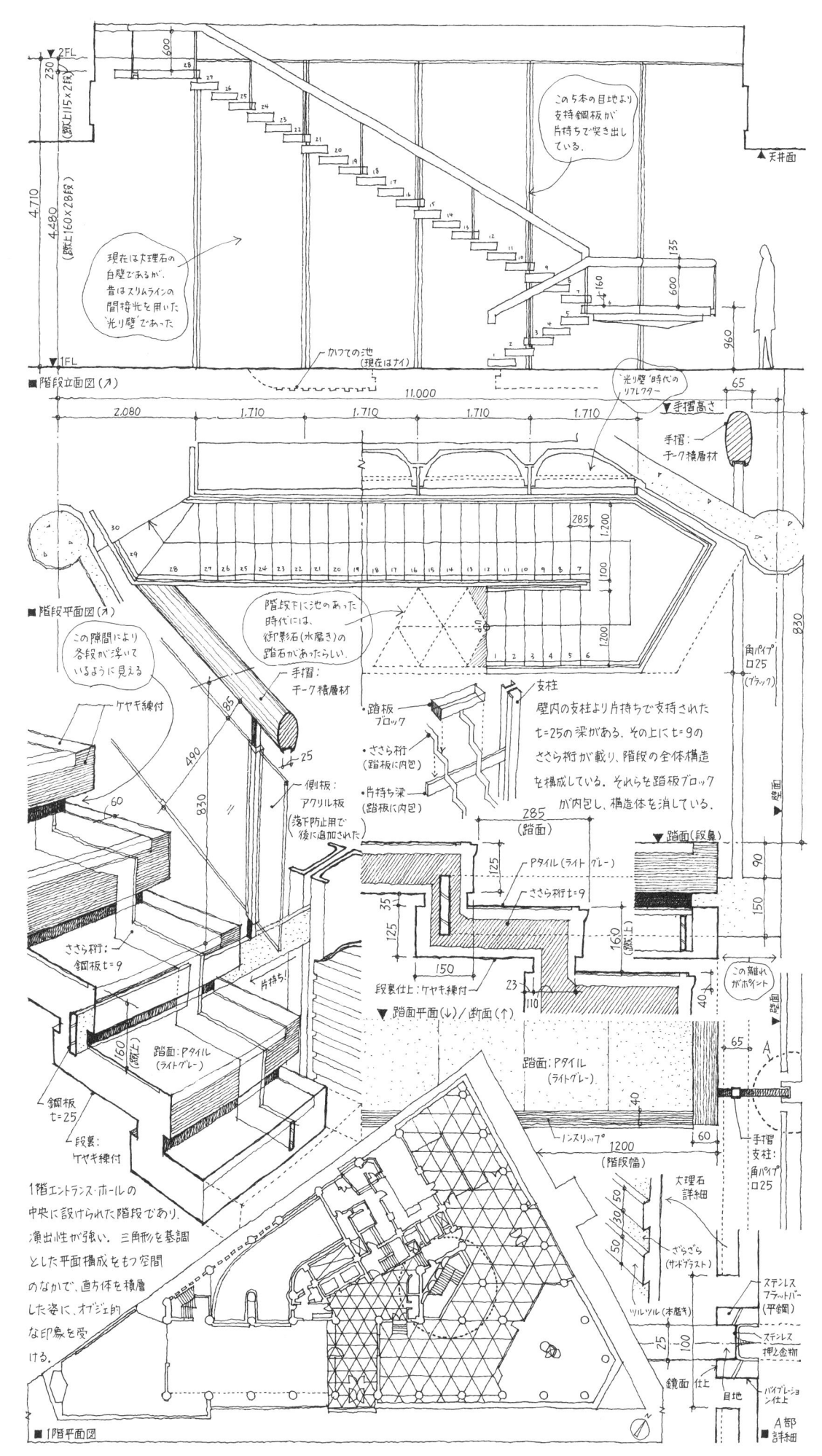

■階段立面図(↗)

この5本の目地より
支持鋼板が
片持ちで突き出し
ている.

▲天井面

現在は大理石の
白壁であるが,
昔はスリムラインの
間接光を用いた
光り壁であった

かつての池
(現在はナイ)

光り壁"時代"の
リフレクター

手摺高さ

手摺:
チーク積層材

■階段平面図(オ)

この隙間により
各段が浮いて
いるように見える

階段下に池のあった
時代には,
御影石(水磨き)の
踏石があったらしい.

ケヤキ練付

手摺:
チーク積層材

踏板
ブロック

ささら桁
(踏板に内包)

片持ち梁
(踏板に内包)

支柱
壁内の支柱より片持ちで支持された
t=25の梁がある. その上にt=9の
ささら桁が載り, 階段の全体構造
を構成している. それらを踏板ブロック
が内包し, 構造体を消している.

角パイプ
□25
(ブラック)

側板:
アクリル板
(落下防止用で
後に追加された)

▼踏面(段鼻)

Pタイル(ライトグレー)

ささら桁t=9

この離れが
ポイント

ささら桁:
鋼板t=9

片持ち

踏面:Pタイル
(ライトグレー)

段裏仕上:ケヤキ練付

▼踏面平面(↓)/断面(↑)

踏面:Pタイル
(ライトグレー)

ノンスリップ

手摺
支柱:
角パイプ
□25

鋼板
t=25

段裏:
ケヤキ練付

1階エントランス・ホールの
中央に設けられた階段であり,
演出性が強い. 三角形を基調
とした平面構成をもつ空間
のなかで,直方体を積層
した姿に,オブジェ的
な印象を受け
ける.

大理石
詳細

ざらざら
(サンドブラスト)

ツルツル(本磨き)

ステンレス
フラットバー
(平鋼)

ステンレス
押え金物

■1階平面図

鏡面仕上

目地

バイブレー
ション仕上

■A部
詳細

旧NCRビル(所在:東京都港区赤坂)

「旧NCRビル」の階段は、まるでオモチャのようだ。というと語弊があるかもしれないが、ここでいう「オモチャ」は、よい意味でのそれである。通常私たちが「オモチャのよう」と感じているのは、本格的でなく、軽々しいものについてであり、あまりよい意味では使われていない。「オモチャのようなクルマ」とは、決して褒めコトバではない。悪い意味でのオモチャが、いわば「不出来な亜流」であるのに対し、この階段は明らかによい意味でのオモチャだ。では「よい意味でオモチャのような階段」とは一体何なのか。

唐突かもしれないが、ディズニーランドがヒントを与えてくれる。ディズニーの空間には「目地」がないという。正確にはどこかにあるとは思うが、シンデレラ城やビッグサンダー・マウンテンの岩肌など、ゲストが触れる「世界」をつくり出す表面には極力素材間の目地を消去し、膨張伸縮による亀裂を年中補修し続けているという。そこまでメンテナンス費用をかけて表面を「目地なし」にしようとするのには理由がある。つまり目地は「現実」なのである。徹底したフェイクの表面により内包された幻想世界に人々は非現実を感じ、陶酔しているのだが、そこでは建材の厚みや、納まりは興ざめの原因であり、タブーである。もしディ

ズニーランドに人々が悪い意味で"オモチャ感"を感じているのであれば、これまでの隆盛はなかったであろう。

旧NCRビルの階段は、積木が少しずつズレながら積み上がっているかたちをもつ、子どもが絵に描きそうな単純な階段である。ここではディズニー同様に徹底的な「現実」の消去が行われている。階段につきものの支持柱やささら桁など、重力と拮抗する構造要素がケヤキ練付合板のコーティングにより隠蔽され、一見するとどうやって成立しているのかがわからない。しかも段板の隅角部には目地がなく、まるで木塊が浮遊しているようにも見える。

誰もが一度は夢に見たことがある、宙に浮いている階段。無重力に対する憧れ。現実の中でこのように純粋で、幻想的な世界を目の当たりにしたとき、「よい意味でのオモチャ」を感じられるような気がする。吉村順三はおそらく意図的にそうしたに違いない。そう確信するのは階段背景の存在。オフィスビルにはどう見ても不釣り合いである水盤と光屏風壁を用意し、吹抜け空間の中で非現実的な箱庭として総合的にデザインしている。これはまさに確信のもとになされた仕事なのだ。

大理石のストライプの前でいかにも壁面から浮いているかのように、段板の塊が繰り返し積み重なっている

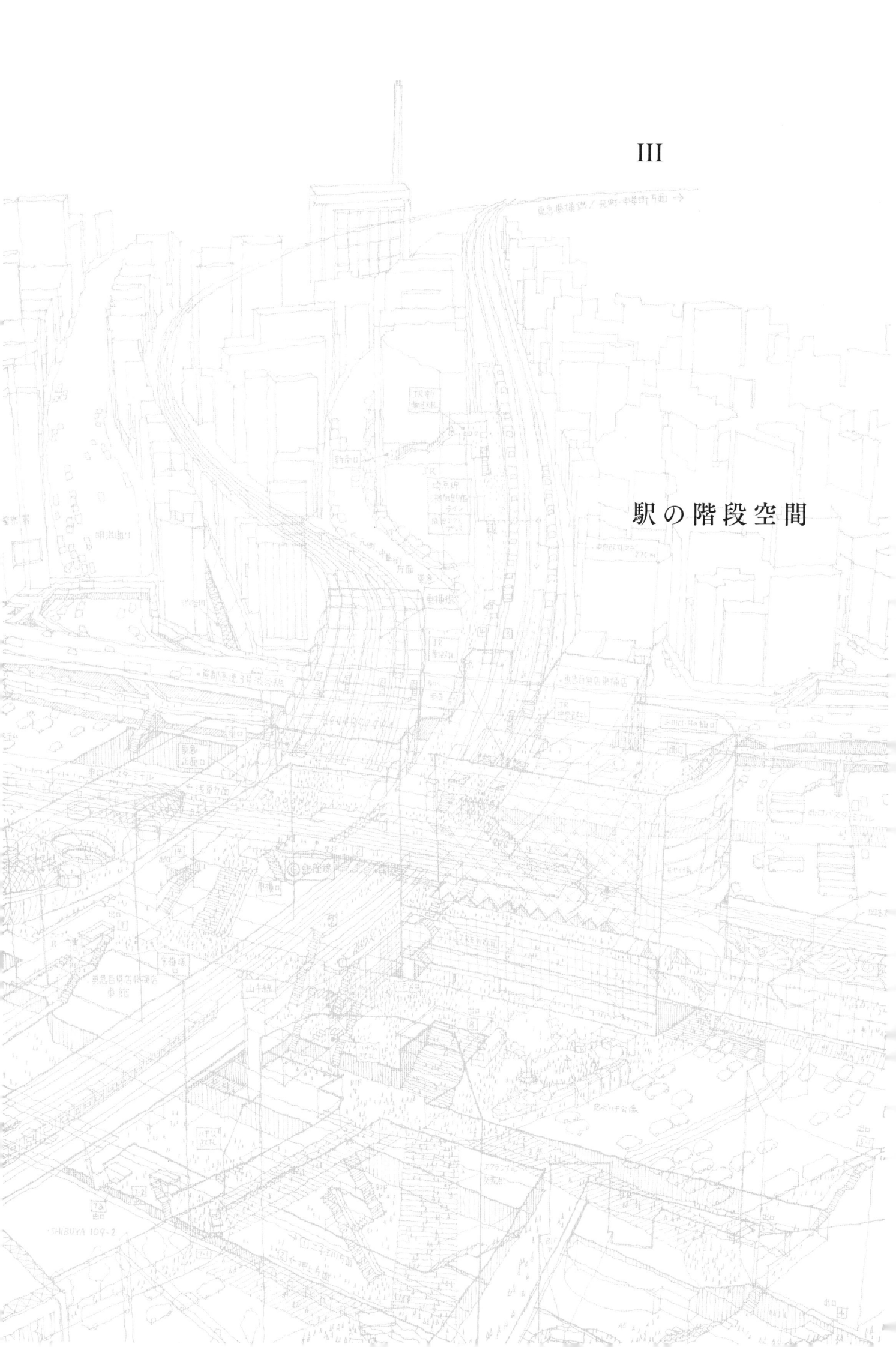

III

駅 の 階 段 空 間

駅は階段空間である。もちろん発祥したころの駅には階段などなく、フォーク形ホームをもつ終着駅、一文字形や二の字形ホームの駅などプリミティブな駅は平面的な場所であった。しかし鉄道網が発達し、路線が接続し交差したりするとそれらをつなぐ跨線橋や地下通路が必要となり、ターミナル駅ともなると交通広場や駅ビルとの接続、地下鉄と地上出入口との接続など、立体的な網目状動線を有機的につなぐ階段やエスカレータが、空間の延伸とともに不可逆的に増殖していく。

　そんな駅の階段空間は"逆ラウムプラン"である。Ⅰ章にてアドルフ・ロースのラウムプランとは、それまで平面から考えられていた建築を、空間を断面的に分割・積層するように三次元的な視点で構想し、空間を有効活用しようとしたもの、と紹介した。それに対し、もともと平面的なものであった駅が需要に応じて立体化する過程では、空間を分割というよりは、必要な空間をツギハギのように継ぎ足していく傾向がある。つまりラウムプランのように限られたハコや領域を"やりくりする"という「有限領域分割型」ではなく、必要なものを必要に応じて加え、オープンエンドに拡張・成長していくいわば「無限領域拡張型」とでもいえよう。

　電車のホーム、改札ホール、コンコース、連絡通路、地下街、バスターミナル、広場、商店街といった夥しい数の"線状の"空間や通路が敷き詰められ、互いに接続し、交差を避けるために立体的に折り重なり、それらが階段やエスカレータで接続され、とめどなく拡張していく……。それが結果的に巨大ターミナルへと成長し、アメーバ状の巨大"動線体"となっていったのが日本の主要駅の特徴である。

　新宿駅、渋谷駅、東京駅などの逆ラウムプランによる巨大動線体は、それぞれどのような特徴があり、いかなる違いをもつのか。描くことを通して考えてみたい。

新宿駅

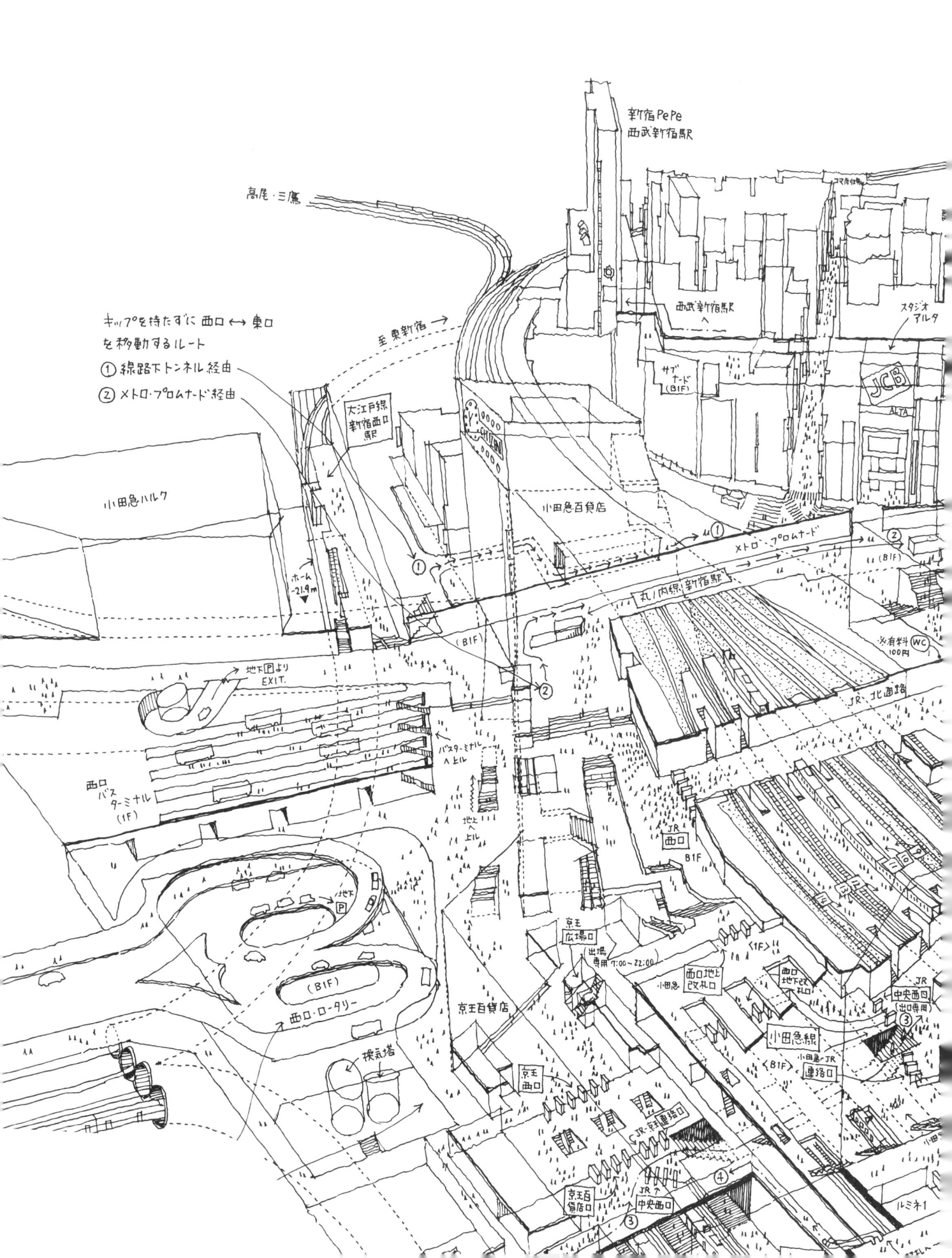

- 新宿Pepe
- 西武新宿駅
- コマ劇場
- 西武新宿駅へ
- スタジオアルタ
- サブナード (B1F)
- JCB
- ALTA
- 高尾・三鷹
- 至 東新宿 →

キップを持たずに 西口 ←→ 東口を移動するルート
① 線路下トンネル経由
② メトロ・プロムナード経由

- 大江戸線新宿西口駅
- 小田急ハルク
- 小田急百貨店
- メトロ・プロムナード
- (B1F)
- ① ②
- 丸ノ内線新宿駅
- 有料 100円 (WC)
- ホーム -21.9m ▼
- (B1F)
- JR 北通路
- 地下Pより EXIT.
- バスターミナルへ上る
- 地上へ上る
- JR 西口 B1F
- 西口バスターミナル (1F)
- 地下 P
- 京王広場口 (出場専用 7:00〜22:00)
- 西口地上改札口
- 小田急
- 西口地下改札口
- JR 中央西口 出場専用
- ③
- 小田急線
- 小田急・JR 連絡口
- (B1F)
- (B1F)
- 西口・ロータリー
- 京王百貨店
- 京王西口
- 換気塔
- JR・京王連絡口
- 京王百貨店口
- ④
- JR↑ 中央西口
- ③
- JR↑
- ルミネ1

新宿駅解体 [2005年]

新宿駅は1日の平均乗降客数が350万人を超える、世界一乗降客数の多いターミナル駅である*。ほとんどの路線は地下1階レベルでつながっているが、各社による独自サインや地上との関係が希薄であることにより、自分が今居る位置を相対的につかむことが難しい。特に左下図の中央西口付近では混迷を極めること必至だ。

*「ギネスワールドレコーズ」公式サイトより（2018年4月現在）

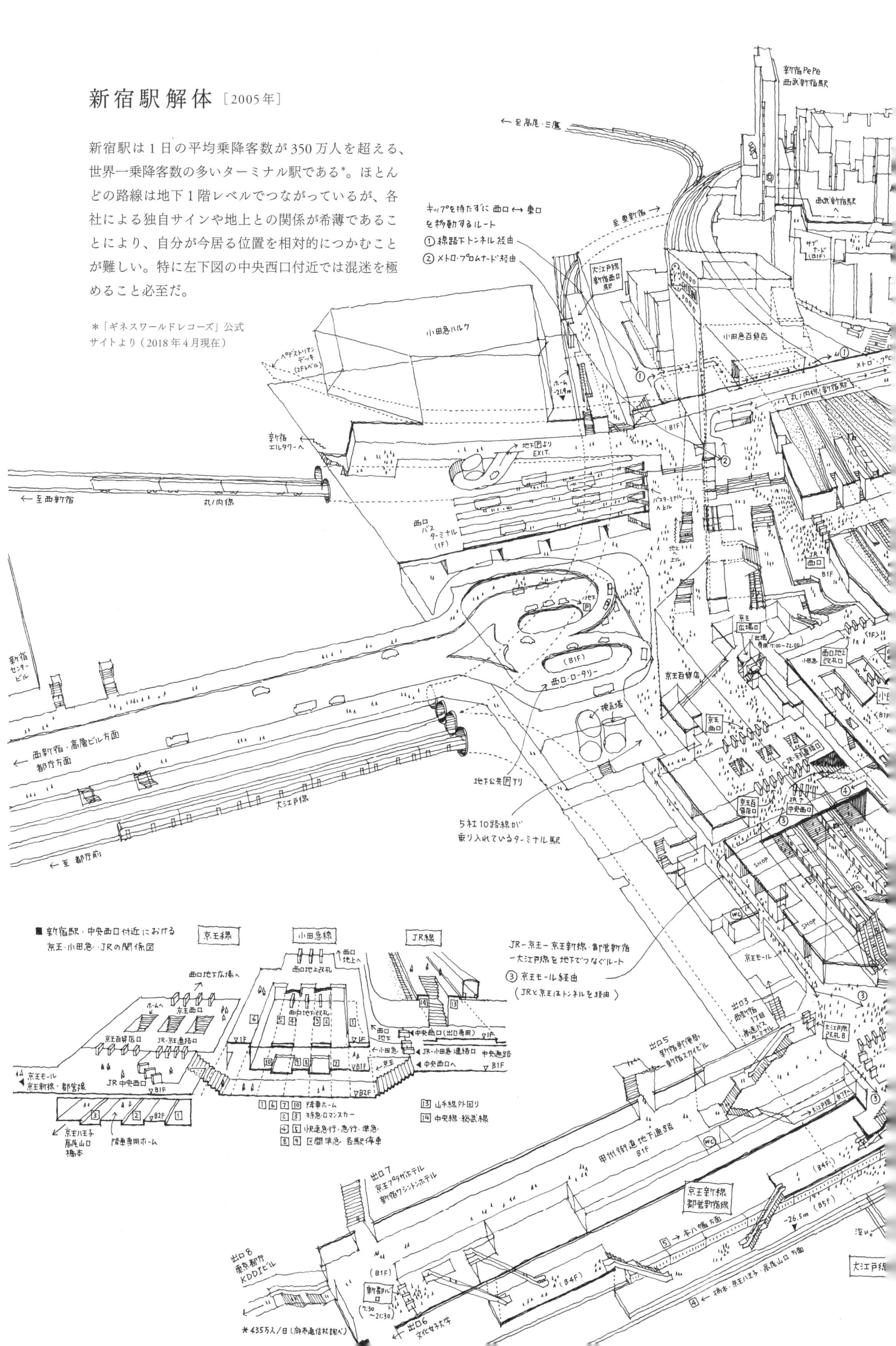

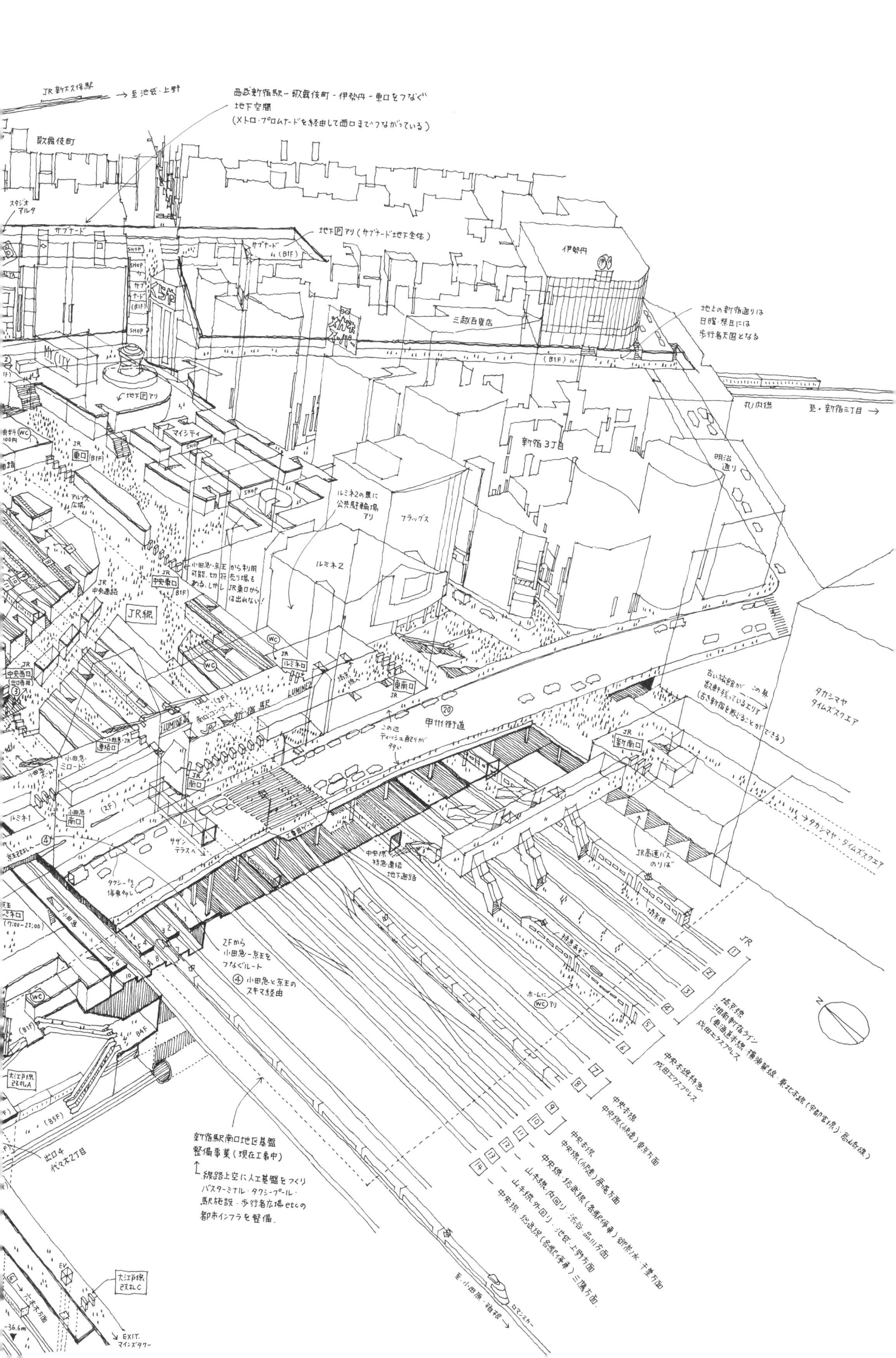

まずは新宿駅、である。「Busiest station（世界で最も混雑した駅）」としてギネスに認定された巨大ターミナルには、JR東日本、京王電鉄、小田急電鉄、東京メトロ、東京都交通局の5社局が乗り入れし、地下道で接続する西武新宿駅、新宿西口駅やバスターミナルまで含めると1日400万人以上の人々が乗降するともいわれている。横浜市や静岡県の人口を超える人々を1日でさばく機能性と、商業やアメニティが高度に集積する複合性を包括する空間構成とはいかなるものか、というのがこれを描く動機であった。

学生時代から頻繁に利用する駅ではあったが、描くにあたり改めてよく観察することから始めたところ、驚愕の事実に直面した。新宿駅には"全体図"がないのである。もちろん各社局の構内図やエリア情報は掲示されており、ネットでも平面的な情報を検索することはできる。しかし三次元的に新宿駅の全体像を示すものは存在していないのだ。これは描き甲斐がある。

新宿は「井」の字を借りると理解しやすい。タテ線の左は京王、小田急そして大江戸線を束ねた軸があり、漢字同様に小田急が弓なりにカーブしている。そして右の直線はJRの大動脈。そしてヨコ線の上は丸ノ内線、下には甲州街道下の都営新宿線が東西に走っている。この大きな井桁の骨格のなかに各社局の領域が充満し、無数の改札や広場、それらをつなぐ連絡通路や階段、商業施設等が立体的にまとわりついているのである。

この解体図を描いた直後に副都心線が明治通り下に開業し、さらにJR線路上にはバスタ新宿が設けられたように、新宿は今も"増殖"を続けている。近い将来、京王や小田急を中心に西口の大再開発が始まると聞くが、もはや「井」の原型を思い出せなくなるほど、軸が交錯し、輪郭が変化していくことだろう。それはまるで終わりのないジャクソン・ポロックの「ドリップ・ペインティング」を彷彿とさせる。

新宿駅を淀橋浄水場跡地である高層ビル街から俯瞰。新宿も渋谷のような大再開発が現在構想されている

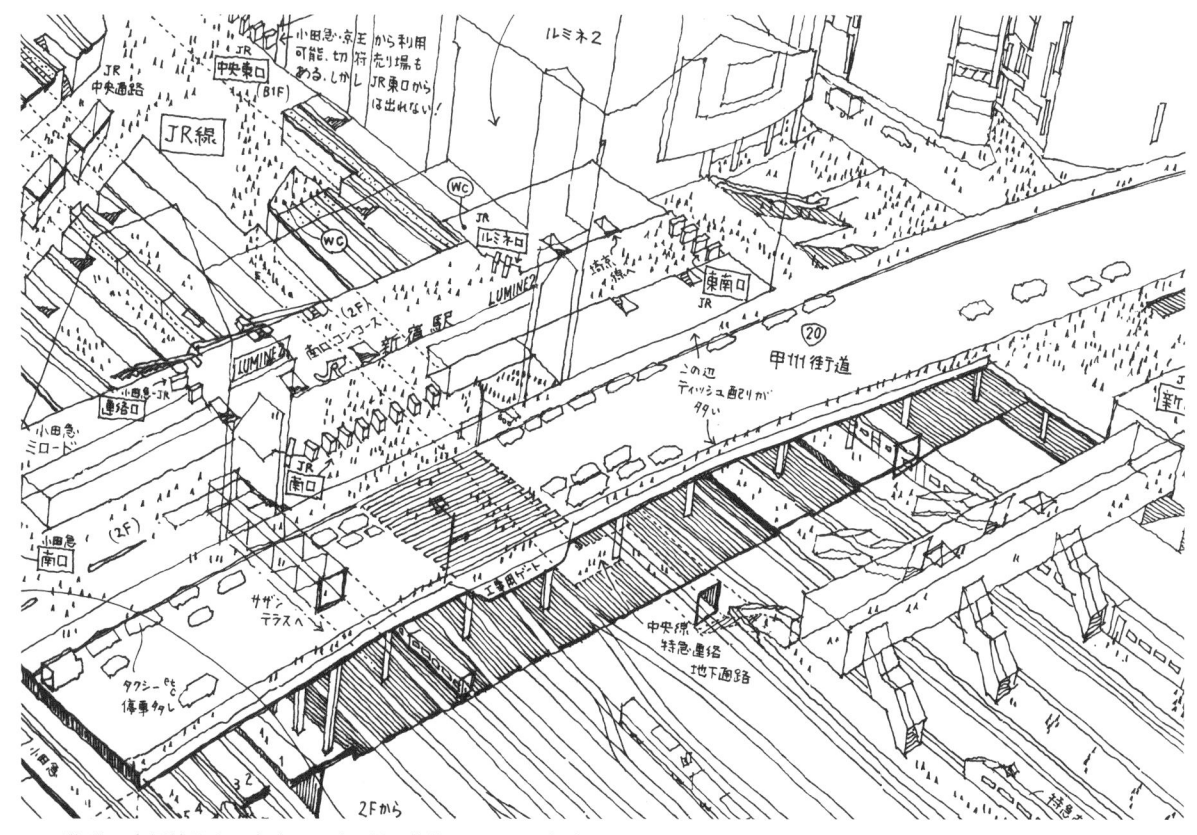

甲州街道の南側線路上に高速バス乗り場を集約したバスタ新宿が設けられたが、駅との接続に課題も見られる

渋谷駅

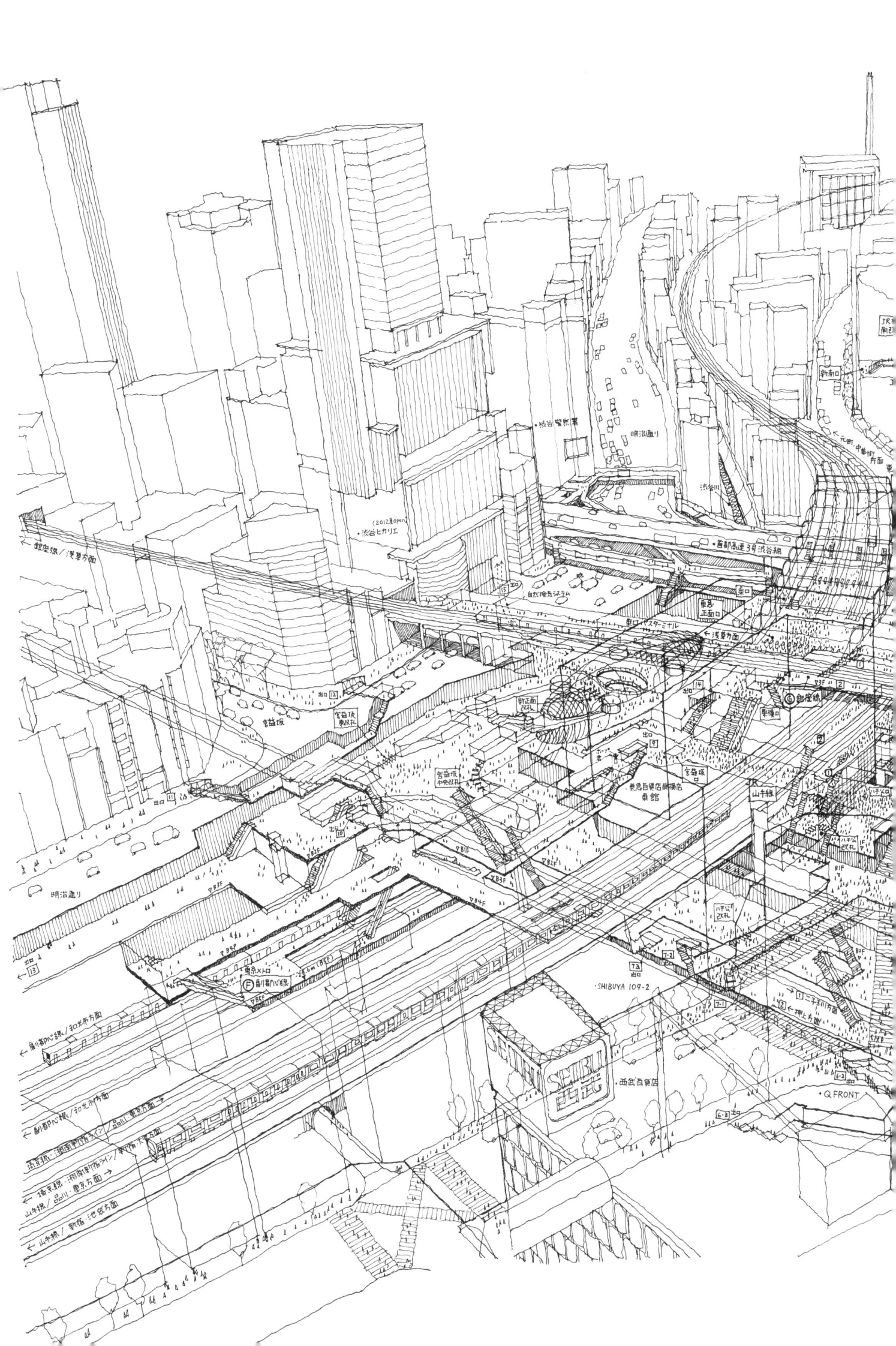

渋谷駅解体 ［2011年］

渋谷駅は地名の通り、山手線に沿った南北の谷筋を中心としたスリバチ状地形の中心に位置しており、そこに南北のJR、東西の地下鉄や京王線が十字に交差し、四つの駅前を形成。スリバチであるがゆえに地下鉄が駅舎3階に貫入するなど、レベルを即座に認識することが難しい。この図は2020年の東京オリンピックに合わせて進行する、一大再開発以前の渋谷駅を記録したものである。

渋谷駅解体 ［1963年］

1964年東京オリンピックの1年前の姿である。坂倉準三が考案した、東急文化会館から連絡通路を経て東横百貨店増築、東急会館そして京王線連絡通路を経て京王ビルへと至る「渋谷計画」の骨格がほぼ出来上がった様子がわかる。その一方、周辺ではまだ開渠の渋谷川、路面電車や電信柱、終戦後のヤミ市を起源とする飲食街など、懐かしい風景が広がっている。

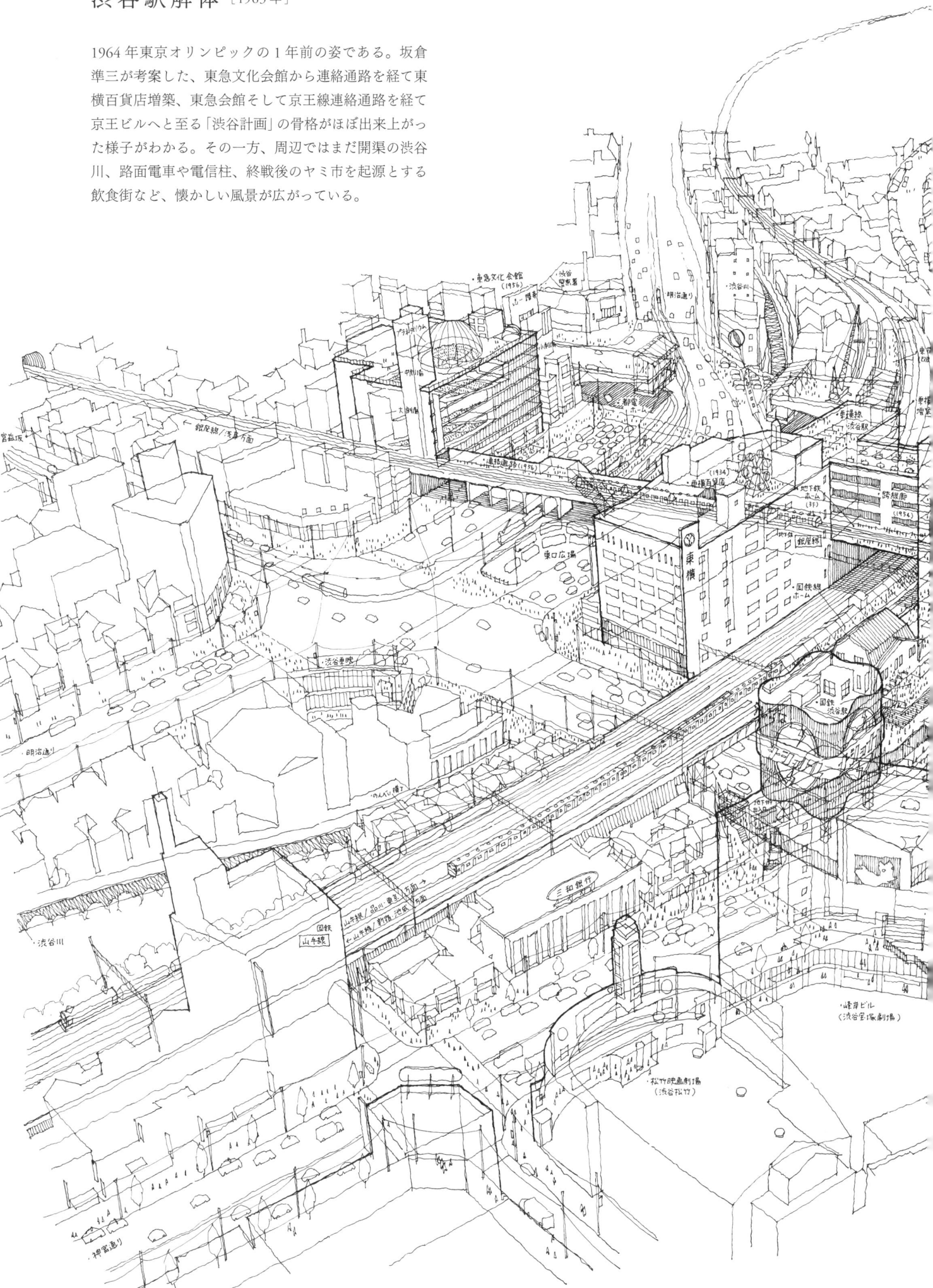

新宿駅がポロックであるならば、渋谷駅は磯崎新の「孵化過程」（1962）のようである。これは参加者が板に無数の釘を打ち付け、それに多色の針金を巻き付けていく、都市の増殖過程をシミュレーションした磯崎流の市民参加型インスタレーションであるが、姿としてはポロックの線が立体化し、スポンジやヘチマの繊維のように空中で複雑に交錯している様相である。

渋谷駅は文字通り"谷"にある。このスリバチ状の谷の中で、概ね「十」の字に沿ってスポンジ状の繊維が交錯している。タテ線はJRと東横線。JRは南北の谷筋に沿って貫通し、恵比寿駅辺りから徐々に高架化し相対的に浮上。東横線は代官山から大きくカーブを描きタテ線に合流のうえ、2013年まではカマボコ形屋根とフォーク形ホームが印象的な地上終着駅で止まっていたが、現在は地下ホームにて副都心線と相互乗り入れしている。

それに対し、ヨコ線は銀座線と井の頭線、そして田園都市線である。銀座線は東方の宮益坂上辺りから地上に現れ、交点辺りでは3階レベルの高さで駅舎に貫入。井の頭線も2階レベルから道玄坂上辺りで地中に潜っていく。田園都市線は地下深くにて半蔵門線と相互乗り入れし、東西を貫通している。それに首都高速の高架や幾多の道路が加勢し、十字状に集積する繊維が織りなす立体的な"雲"が、谷なかに象嵌されてい

るかの如くである。

2011年の渋谷駅に加えて、それからおよそ半世紀前の1963年当時も同じアングルで描く機会を得た。東急による駅周辺開発を託された坂倉準三の「渋谷計画」の全貌が現れた時期であり、これにより十字の骨格がよくわかる。東急会館、東急文化会館などの"釘"が打たれ、それを基点として夥しい数の針金が巻き付けられ始めた、東京オリンピックの前年の姿である。

現在、駅周辺にはさらに長大かつ多数の釘が打ち込まれつつあり、孵化を終えた渋谷はどのような成虫となっていくのだろうか。

渋谷駅をセルリアンタワーから俯瞰。2020年前後には超高層が林立する再開発が完了し、大変貌を遂げる

スクランブル交差点下の渋谷地下街、通称「しぶちか」は1957年に誕生し、渋谷駅の立体化の端緒となった

東京駅

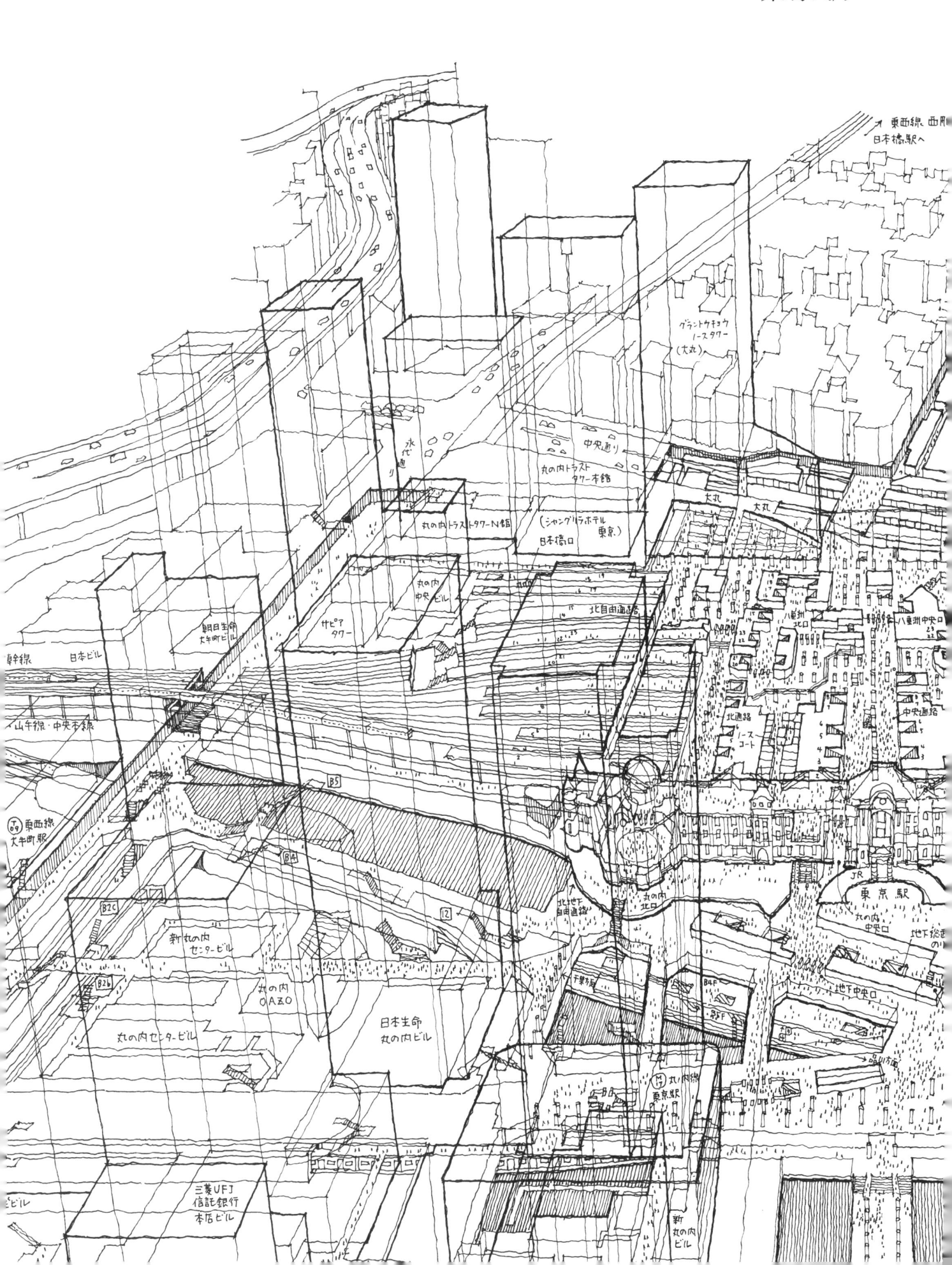

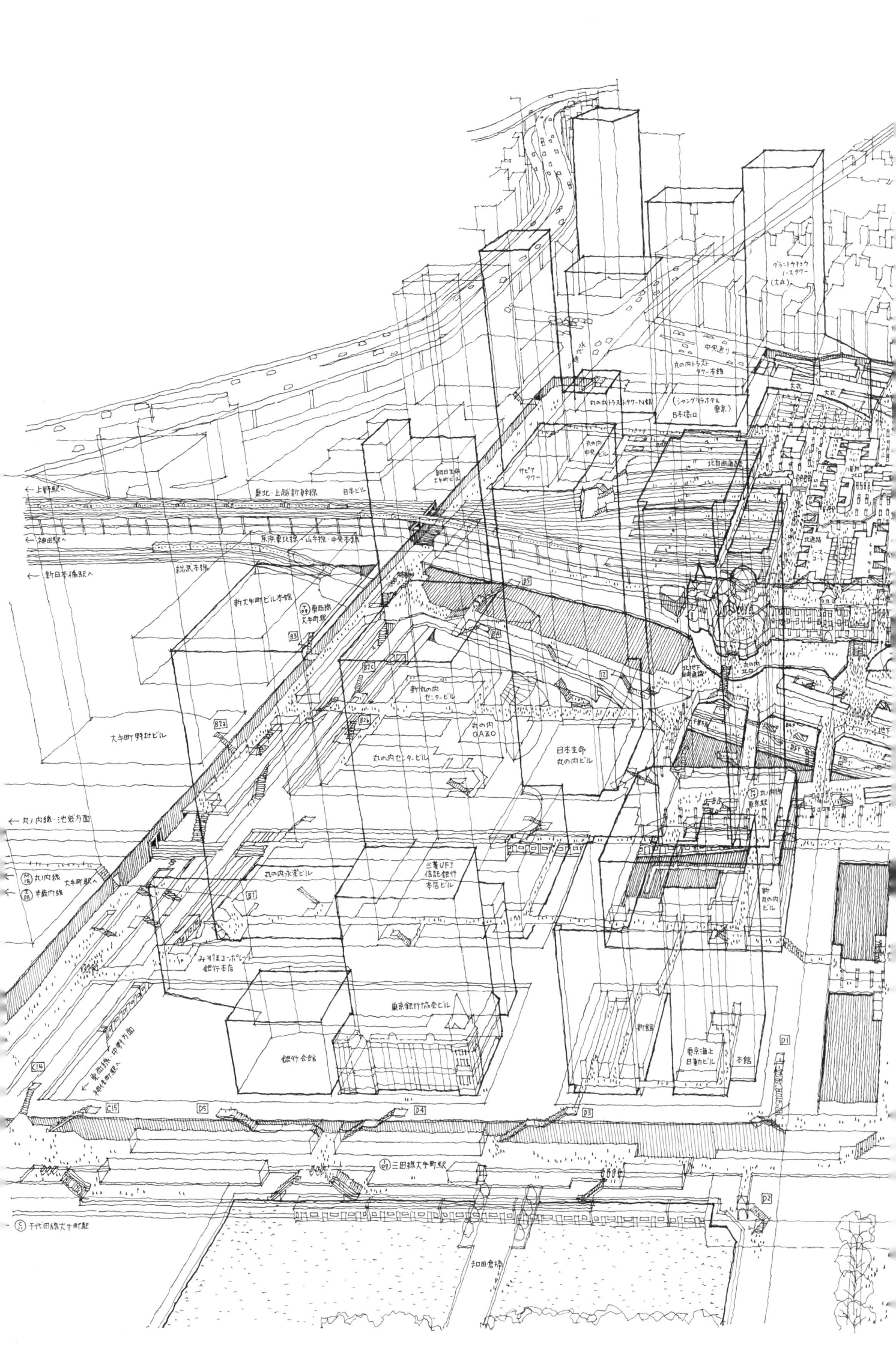

東京駅解体 [2014年]

2012年に復原された東京駅を中心に、八重洲地下街、大手町駅、行幸通りそして東京国際フォーラムまで広がる丸の内エリアを描いた解体図である。碁盤目街区を基調としているので一見整然としているようであるが、地下で斜めに貫通するJR総武線や、多層化したJR京葉線とその接続、さらには地下階がほぼ接続した丸の内の一大地下街に目を移すと、複雑な多層都市空間が展開していることに気づく。

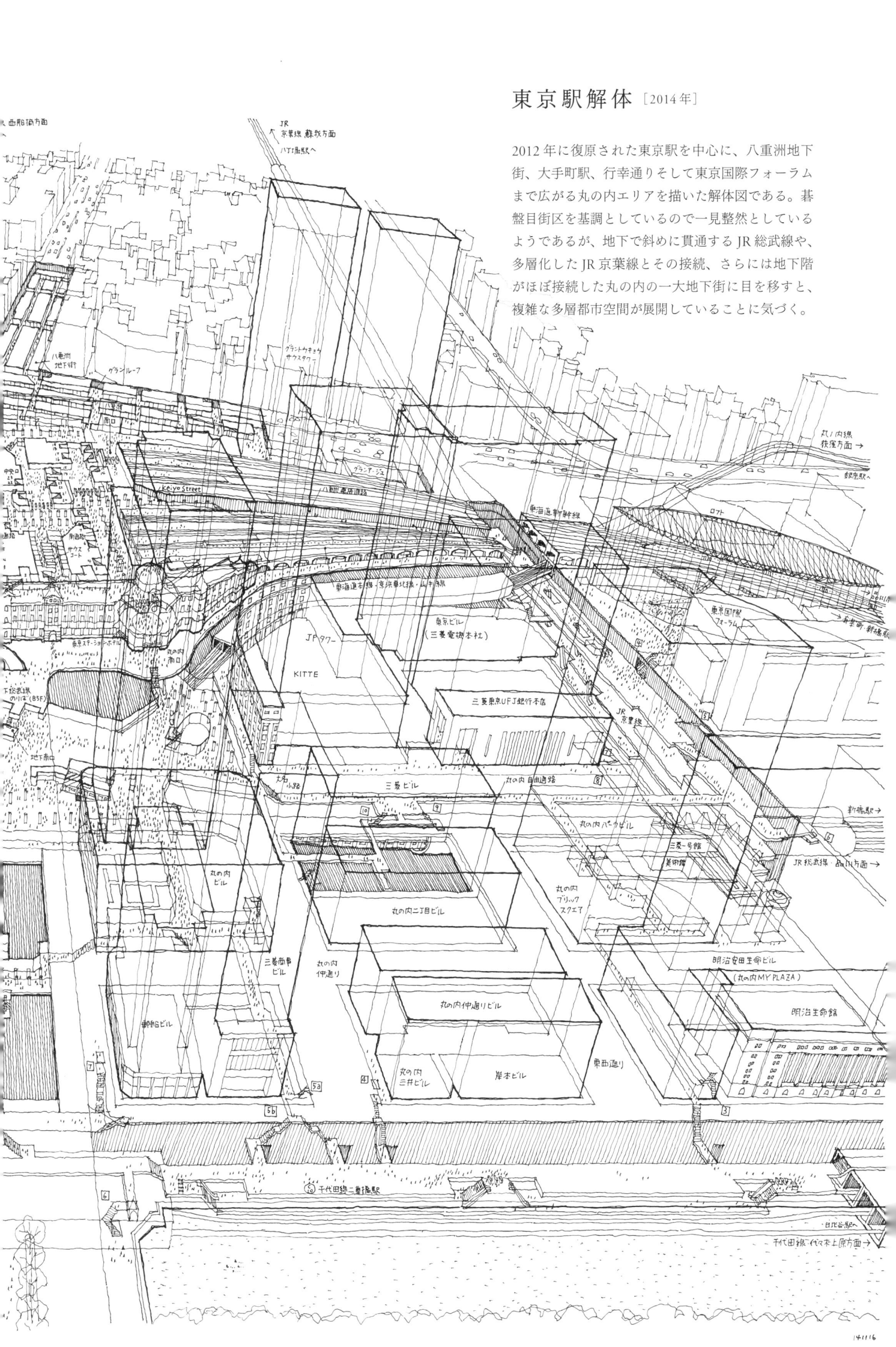

ポロック、磯崎と来たら次は……、やはりモンドリアンだろう。ピエト・モンドリアンといえば、グリッド街路と賑やかな街区を連想させる「赤・青・黄のコンポジション」（1930）などが有名だが、東京駅はそのような原色のコンポジションよりも、白地のキャンバスに、直交こそしているがランダムな街路が控えめな黄色で着色され、広場や建物に見える矩形の着彩が融合し、そこに無数の小さな四角がうごめく「ブロードウェイ・ブギ＝ウギ」（1942-43）がイメージに近い。

東京駅を中心として周囲におよそ 1 km 四方の大きなロの字形大街路が配され、その下に 7 路線 13 駅の地下鉄が埋設されている。そして南北に新幹線などのJR が貫通し、東西方向には駅から皇居へと続く行幸通りが中央配置。全体的に大きな「田」の字形の街区が形成されている。とはいえ整然としているのは西方の丸の内地区であり、東方の八重洲地区はかつての海岸線に沿って都市軸が振れ、街区や建物のスケールも比較的小さい。

さらに地下では田の字などお構いなく、斜めの軸や多層ホームが大胆に構築されている。丸の内駅前広場を対角線で横切る総武線のホームは地下 5 層まであり、さらには大江戸線六本木駅が出来るまでは東京で一番深いホームであった京葉線は東京国際フォーラム近くで地下およそ 30m のホームを構築。これらの

地下駅とコンコースが、丸の内に林立する数々のビルディングの地下階と連結し、網の目状の一大地下空間を形成しているのである。その正確な広さは、新宿駅の全体像が存在していないのと同じく、実は誰も把握できていないのかもしれない。

新宿駅、渋谷駅と比べ一見整然として見える東京駅も、涼しい顔をした水鳥が実は水面下で躍動しているように、地下では碁盤目状街区と地下街が融合しブロードウェイよろしく斜めの路線が貫通するなど、モンドリアンばりのダイナミズムが展開しているのである。

東京駅を新丸ビルから俯瞰。2017 年に丸の内駅前広場が全面オープンし、行幸通りとの一体整備が完了した

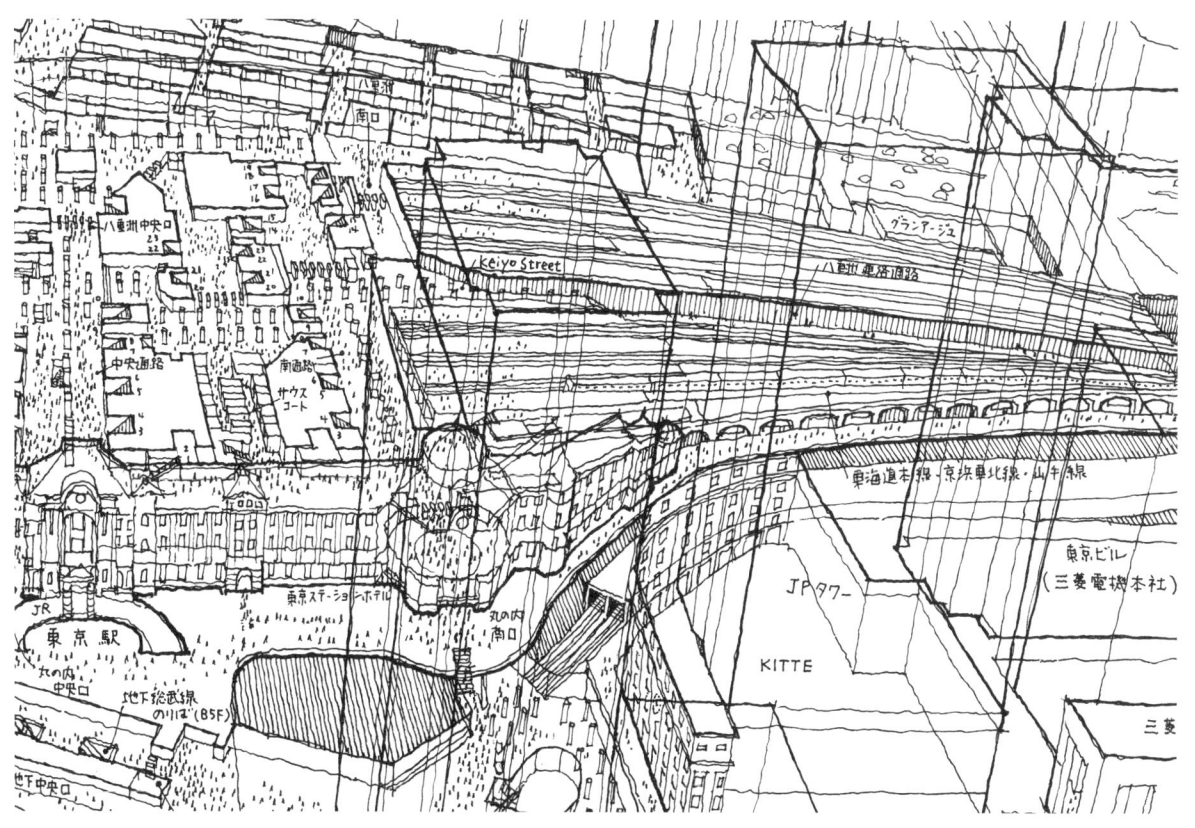

丸の内の地下が連結しているなかで、KITTE の地下は、かなりの部分が地下プロムナードと融合している

おわりに

早稲田で助手を終え、芸術学校の教員をしながら古谷誠章研究室で設計や学生の面倒を見ていた2003年夏、雑誌『コンフォルト』が階段の書籍出版を前提に連載を始めたく、手描きに長けたヒトを探している——と下階の戸沼幸市研究室から電話をもらい、編集者の阪口公子さんと出会ったのがすべての始まりであった。そのころ、この本がこれほど難産になることを誰が予測できたであろうか。

『コンフォルト』では「階段の規矩術：プロポーションとディテール」と題した連載が始まり、毎月1件の階段について、空間との関係やディテールの工夫などを含め、その魅力や見所を伝えるスケッチと文章を作成。写真を織り交ぜながら3頁で構成するものであった。授業や設計をしながらの毎月連載はかなり大変なものであったが、当時担当していた「神流町中里合同庁舎」（38頁）がちょうど竣工した後だったので、なんとかできていたのだと思う。予定では12回の連載をまとめ書籍化するところ、突然9回で終了になってしまう。雑誌を全面的にリニューアルするのがその理由とのこと。

そこで書籍化の話は一旦頓挫し、阪口さんからは「新宿駅解体」を描くこととなった『商店建築』別冊の仕事など、その後いろいろな機会をいただくが、階段本はお蔵入りの予感。

ところが2006年に彰国社の神中智子さんより、「階段連載をもとに本がつくれたら」との打診をいただく。これにより企画が再起動し、追加する階段のリストアップ、現地取材などをぽつぽつと始めたのであるが、そのころ熊本に移住したこともあり、なかなか連載時のようなリズムでは進まないのであった。

それからかなりの年月が経過した2014年末、事態打開のためにはコレしかないと神中さんが「連載にしましょう！」と伝家の宝刀を抜き、雑誌『ディテール』の山根一彦編集長による協力のもと、連載「階段空間の解体新書」を開始。やはり締切の力は偉大なり。あれよあれよという間に事例が増えていったのである。

さらに先の「新宿駅解体」が呼び水となり、渋谷駅研究家でもある田村圭介先生から「渋谷駅解体」を描くきっかけをいただき、その後の「東京駅解体」とともに2016年の「土木展」で脚光を浴び、翌年にはパリ日本文化会館での坂倉準三展のために描いた「渋谷駅解体1963」が加わるなど、駅空間の作品も充実していく。

これらを一冊にまとめたのが本書である。

最初の一報から15年、彰国社にバトンが渡ってから12年。神中さんによるとさすがにこんなに時間のかかった本はそうめったにないという。古谷研での幾多のコンペを通して開発された、空間構成を伝えつつも周辺との関係や空間の雰囲気をも醸し出す、青いペン画による独特のドローイングを、早稲田の後輩たちがいつしか「タナパー」と呼び始め、それがじわじわと浸透していっているようである。そんな「タナパー」に15年もお付き合いいただいた関係各位に、深く感謝申し上げます。

2018年4月

田中 智之

[初出一覧]

I　階段空間の解体新書

「立体による額縁／点による額縁」
『ディテール』205号、2015年

「部屋のような階段／階段のような部屋」
『ディテール』206号、2015年

「平面のカーブ／立面のカーブ」
『ディテール』207号、2015年

「ブリコラージュ／メタコラージュ」
『ディテール』208号、2016年

「蟻の巣プロムナード／洞窟プロムナード」
『ディテール』210号、2016年

「微分する階段／積分する階段」
『ディテール』211号、2016年

「階段の孵化／孵化の階段」
『ディテール』212号、2017年

「正対の杜／斜対の杜」
『ディテール』213号、2017年

II　階段の規矩術

「めくるめく」
『コンフォルト』2003年11月号

「凛と」
『コンフォルト』2003年12月号

「穿つ」
『コンフォルト』2004年1月号

「象嵌」
『コンフォルト』2004年2月号

「渦」
『コンフォルト』2004年3月号

「壁」
『コンフォルト』2004年4月号

「舞う」
『コンフォルト』2004年5月号

「交錯」
『コンフォルト』2004年6月号

「積む」
『コンフォルト』2004年7月号

III　駅の階段空間

「新宿駅解体」
『viewer vol.1』商店建築4月号増刊、2005年

「渋谷駅解体」
田村圭介『迷い迷って渋谷駅　日本一の「迷宮ターミナル」の謎を解く』光文社、2013年

「東京駅解体」
『東京駅100年の記憶　東京駅開業百年記念』東京ステーションギャラリー、2014年

＊初出時の内容を見直し、加筆・修正のうえ掲載した。

［著者略歴］

田中智之（Tomoyuki Tanaka）／建築家

1971年、埼玉県生まれ。1994年、早稲田大学理工学部建築学科卒業。1996年、早稲田大学大学院修士課程修了。1999年、早稲田大学大学院博士後期課程単位取得退学。早稲田大学専任助手、同大学非常勤講師、同大学芸術学校客員講師等を経て、2005年、熊本大学助教授。2006年、TASS建築研究所設立。2007年、熊本大学大学院准教授。2011〜2015年、熊本大学学長特別補佐。2014年、建築作品による博士号を取得（早稲田大学）。2018年より、熊本大学大学院教授。

代表作として、「早稲田大学會津八一記念博物館」(1998)、「吹上の家」(2004)、「京町の家」(2014) など。主なプロジェクトとして「熊本駅周辺地域都市空間デザイン」(2005〜)、「熊本市桜町・花畑周辺地区まちづくりマネジメント」(2011〜) など。主なドローイング作品に、「新宿駅解体」(2005)、「渋谷駅解体」(2011)、「東京駅解体」(2014)（以上「土木展」21_21 DESIGN SIGHT 2016出展作品）など。主な著書に、『建築の森・熊本を歩く』（彰国社、2018年）などがある。

［写真クレジット］

大橋富夫 24
彰国社写真部 13、16、20、29右、32、40左、64左
新建築社写真部 44
萩原 功 52
Philippe Ruault 60

＊特記のないものはすべて、撮影＝田中智之。

階段空間の解体新書

2018年6月10日　第1版　発　行
2020年5月10日　第1版　第2刷

著作権者との協定により検印省略

自然科学書協会会員
工学書協会会員

Printed in Japan

© 田中智之　2018年

著　者　　田　　中　　智　　之
発行者　　下　　出　　雅　　徳
発行所　　株式会社　彰　国　社

162-0067　東京都新宿区富久町8-21
電話　03-3359-3231（大代表）
振替口座　00160-2-173401

印刷：三美印刷　製本：誠幸堂

ISBN 978-4-395-32113-1　C3052　https://www.shokokusha.co.jp